新HSK词汇突破

外研社国际汉语研究发展中心 编

1～3
级

外语教学与研究出版社
北　京

图书在版编目(CIP)数据

新 HSK 词汇突破. 1～3 级／外研社国际汉语研究发展中心编. — 北京：外语教学与研究出版社，2011.9
(外研社·新 HSK 课堂系列)
ISBN 978-7-5135-1356-2

Ⅰ. ①新…　Ⅱ. ①外…　Ⅲ. ①汉语—词汇—对外汉语教学—水平考试—自学参考资料　Ⅳ. ①H195.4

中国版本图书馆 CIP 数据核字 (2011) 第 197842 号

出 版 人: 蔡剑峰
选题策划: 李彩霞　于　辉
责任编辑: 李彩霞　于　辉
装帧设计: 姚　军
出版发行: 外语教学与研究出版社
社　　址: 北京市西三环北路 19 号 (100089)
网　　址: http://www.fltrp.com
印　　刷: 紫恒印装有限公司
开　　本: 880×1230　1/64
印　　张: 2.5
版　　次: 2011 年 9 月第 1 版
　　　　　2011 年 9 月第 1 次印刷
书　　号: ISBN 978-7-5135-1356-2
定　　价: 18.00 元
*　　*　　*
购书咨询: (010)88819929　　电子邮箱: club@fltrp.com
如有印刷、装订质量问题，请与出版社联系
联系电话: (010)61207896　　电子邮箱: zhijian@fltrp.com

物料号: 213560001

编写说明

“外研社·新HSK课堂系列”是一套训练学生听、说、读、写各方面技能的综合性考试教材，包括“21天征服新HSK教程”、“新HSK专项训练”、“新HSK词汇突破”以及“新汉语水平考试HSK全真模拟试题（含试卷和试题详解）”四个子系列。本册《新HSK词汇突破·1–3级》是“新HSK词汇突破”中的一本。“新HSK词汇突破”是一套词汇手册，共含四本：《新HSK词汇突破·1–3级》、《新HSK词汇突破·4级》、《新HSK词汇突破·5级》以及《新HSK词汇突破·6级》。本套手册由具备丰富新HSK教学经验的教师编写，内容涵盖了新HSK大纲中的1–6级词汇。

《新HSK词汇突破·1–3级》由新HSK1–3级词汇组成，每部分词汇均按音序排列，以方便考生查找。

本手册在内容和编排上充分考虑到学习者的需求。在内容上，严格按照新HSK1–3级大纲选取收录词汇，可以满足新HSK1–3级考试的备考需要。在体例设计上，为生词加注了汉语拼音、英文翻译、常用词汇搭配及例句。其中，常用词汇搭配源于新HSK真题中常出现的考点，便于考生提前熟悉考试；例句尽量不出现超纲词，但因1–3级要求掌握的词汇量少，句子中可能会出现少量超纲词，不过因都是生活常用词，又配了英语翻译，所以，不会增加考生的学习难度，考生还可以此扩大自己的词汇量。

本手册采用口袋书的形式，便于携带，可方便读者使用。

作为便携式的小词典，本套手册不仅适合参加新HSK的考生做考前强化训练，也适合对汉语感兴趣的读者随时查阅，有助于读者迅速掌握日常生活中经常遇到的汉语词汇。

在编写过程中，研究生褚秀丽、谈琛、覃春红、宾蓉、张妮、周冠男收集了大量资料，做了很多工作，在此表示诚挚的谢意！

由于时间仓促，本手册中的缺点和错误在所难免，恳请读者批评指正，以便我们及时修订。

外研社国际汉语研究发展中心

目　录

新HSK
词汇突破
1级词汇

A

爱 ài *v.* love, like	【配】爱看电影，爱妈妈，爱学习 【例】① 你爱看什么电影？ ② 她很爱她的妈妈。 ③ 我很爱学习。

B

八 bā *num.* eight	【例】① 我买了八个苹果。 ② 他考试得了第八（名）。
爸爸 bàba *n.* dad, father	【例】① 艾米的爸爸在医院工作。 ② 我爸爸喜欢看书。
杯子 bēizi *n.* cup, glass	【配】一个杯子，买杯子，小杯子 【例】① 这个杯子太大了！ ② 昨天玛丽买了四个小杯子。
北京 Běijīng *n.* Beijing	【例】① 北京是中国的首都(shǒudū; capital)。 ② 他在北京学习汉语。

本 běn *m.* (for books)	【配】两本书，这本书 【例】① 我昨天买了三本书。 ② 这本汉语书是谁的？
不客气 bú kèqi you are welcome	【例】A：谢谢您！ B：不客气！
不 bù *adv.* not	【配】不是，不喜欢，不高兴 【例】① 她妈妈不是医生。 ② 爸爸不喜欢喝茶。 ③ 他今天不太高兴。

C

菜 cài *n.* vegetable	【配】买菜，做菜（zuò cài; cook dishes） 【例】① 你爱吃什么菜？ ② 你去超市（chāoshì; supermarket）买点儿菜！ ③ 今天晚上我做菜。

茶 chá *n.* tea	【配】喝茶，一杯茶，热茶 【例】① 美真很喜欢喝茶。 ② A：请喝茶。B：谢谢！ ③ 桌子上有一杯热茶。
吃 chī *v.* eat	【配】吃饭 【例】① 今天中午去哪儿吃饭？ ② 卡尔很爱吃米饭。
出租车 chūzūchē *n.* taxi	【配】坐出租车，开出租车 【例】① 我们是坐出租车来的。 ② 我的朋友开出租车。

D

打电话 dǎ diànhuà give sb. a phone call	【配】给……打电话 【例】① 他在打电话呢。 ② 艾米在给妈妈打电话。
大 dà *adj.* big	【配】大小，很大 【例】① 这个商店很大。 ② 这件（*m.*）衣服太大了。

的 de *part.*	【例】① 我的妈妈是医生。 ② 他是昨天来的。 ③ 这是在商店买的。
点 diǎn *m.* o'clock	【配】几点，八点 【例】① A：现在几点了？ B：五点十分。 ② 我八点去火车站。
电脑 diànnǎo *n.* computer	【配】买电脑，一台（*m.*）电脑 【例】① 我明天去买电脑。 ② 这台电脑多少钱？
电视 diànshì *n.* television	【配】看电视，一台电视 【例】① 我不喜欢看电视。 ② 桌子上有一台电视。
电影 diànyǐng *n.* movie	【配】看电影，电影票（piào; ticket），一场（*m.*）电影 【例】① 明天我和朋友去看电影。 ② 在哪儿买电影票？

东西 dōngxi *n.* thing	【配】他的东西，这些东西 【例】① 你的东西多吗？ ② 这些东西是谁的？
都 dōu *adv.* all	【例】① 我们都会做饭。 ② 他们都是我的朋友。 ③ 我们都去超市。
读 dú *v.* read	【配】读书，读课文（kèwén; text） 【例】① 山口很喜欢读书。 ② 我们在读课文。 ③ 这几个字你会读了吗？
对不起 duìbuqǐ *v.* sorry	【例】A：对不起。 B：没关系。
多 duō *adj.* many, much	【配】很多，太多，不多 【例】① 卡尔有很多中国朋友。 ② 你的东西太多了！ ③ 星期一超市的人不多。

多少
duōshao
pron. how many, how much

【配】多少钱，多少人
【例】① 你们班有多少学生？
② 我要三斤（*m.*）苹果，多少钱？

E

儿子
érzi
n. son

【例】① 李老师有两个儿子。
② 他的儿子今年 9 岁了。

二
èr
num. two

【例】一加一等于（děngyú; be equal to）二。

F

饭馆
fànguǎn
n. restaurant

【配】去饭馆，一个饭馆
【例】① 中午我们去饭馆吃饭。
② 那个饭馆的菜不好吃。
③ 学校后面有很多小饭馆。

飞机
fēijī
n. plane

【配】坐飞机，飞机票（fēijīpiào; air ticket）

【例】① 他是坐飞机来的。
② 我明天去买飞机票。
③ 在飞机上，我认识了一个中国朋友。

分钟
fēnzhōng
minute

【配】三分钟，几分钟

【例】① 他写了四十分钟了。
② 我还有几分钟就走了。

G

高兴
gāoxìng
adj. happy

【配】很高兴，不高兴

【例】① 很高兴认识你们。
② 能来中国学习汉语，我很高兴。
③ 她今天不太高兴。

个 gè *m.* (before nouns without speciul measure words of their own)	【配】三个杯子，一个人 【例】① 这三个杯子,你喜欢哪一个? ② 教室里有两个人。
工作 gōngzuò *v./n.* work	【例】① 小林在火车站工作（*v.*）。 ② 你做什么工作（*n.*）?
狗 gǒu *n.* dog	【配】小狗，一只（*m.*）狗 【例】① 我的朋友很喜欢狗。 ② 他家里有一只小狗。 ③ 这是谁的狗?

H

汉语 Hànyǔ *n.* Chinese	【配】汉语老师，学习汉语 【例】① 我的汉语老师很漂亮。 ② 艾米在北京学习汉语。

好 hǎo *adj.* good	【配】好人，很好，不好 【例】① 他是个好人。 ② 他学习很好。 ③ 她的工作不好。
喝 hē *v.* drink	【配】喝茶，喝水 【例】① 他喜欢喝可口可乐（kěkǒu kělè; coca-cola）。 ② 天气太热了，多喝点儿水。
和 hé *conj.* and	【例】① 他和朋友明天去医院。 ② 美真喜欢小猫和小狗。
很 hěn *adv.* very	【配】很大，很喜欢 【例】① 我们的学校很大。 ② 我很喜欢唱歌（chànggē; sing）。
后面 hòumian *n.* behind	【配】他（的）后面，教室后面 【例】① 上课的时候，他坐在我后面。 ② 我家后面有一家商店。

回
huí
v. return, go back

【配】回家，回去，回国
【例】① 他晚上不回学校了。
② 我九点回去。
③ 她今年八月回国。

会
huì
v. can

【例】① 我不会开车。
② 艾米会说汉语。

火车站
huǒchēzhàn
n. train station

【配】在火车站
【例】① 我现在在北京火车站。
② 火车站前面有家大超市。

J

几
jǐ
num. how many

【配】几岁，几天
【例】① 你女儿今年几岁了？
② 你在北京住几天？

家 jiā *n.* home, family	【配】回家，家里 【例】① 我星期五回家。 ② 你家里都有什么人？ ③ 我家有三口（*m.*）人——爸爸、妈妈和我。
叫 jiào *v.* name	【例】A：你好！我叫朴美真。 B：认识你很高兴！我叫山口。
今天 jīntiān *n.* today	【例】① 山口今天没来上课。 ② 今天是星期天。
九 jiǔ *num.* nine	【例】今天是九月九日。

K

开 kāi *v.* open, turn on	【配】开门，开灯（dēng; light），开电脑 【例】① 请开一下门。 ② 我要睡觉，请别开灯。

看 kàn *v.* watch	【配】看电视，看新闻（xīnwén; news），看电影 【例】① 爸爸在看电视。 ② 下课后我要和朋友去看电影。
看见 kànjiàn *v.* see	【例】① 你看见艾米的衣服了吗？很漂亮。 ② 前天我看见王老师了。
块 kuài *m.* piece	【配】一块糖（táng; candy），六块钱 【例】① 她买了几块糖。 ② 这支（*m.*）笔几块钱？

L

来 lái *v.* come	【配】来学校，来这儿 【例】① 艾米来中国一年了。 ② 我的朋友晚上来我家吃饭。 ③ 现在是晚上十二点了，他不会来了。

老师 lǎoshī *n.* teacher	【配】王老师，一位（*m.*）老师 【例】① 我的汉语老师是李老师。 ② 这位是我的汉语老师。
了 le *part.*	【例】① 星期六他去了上海。 ② 我不能去北京了。
冷 lěng *adj.* cold	【配】很冷，不冷 【例】① 今天太冷了！ ② 昨天一点儿都不冷。
里 lǐ *n.* in	【例】① 教室里有桌子和椅子。 ② 桌子里有什么（东西）？
零 líng *num.* zero	【例】现在是三点零五分。
六 liù *num.* six	【例】小林这个星期读了六本书。

M

妈妈 māma *n.* mom, mother	【例】① 他的妈妈是汉语老师。 ② 我爱我妈妈。
吗 ma *part.*	【例】① 她在医院工作吗？ ② 我们一起去看电影，好吗？
买 mǎi *v.* buy	【配】买衣服，买东西 【例】① 她在买衣服。 ② 我想买一台电脑。
猫 māo *n.* cat	【配】小猫，一只猫 【例】① 前面有只小猫。 ② 这只猫是谁家的？
没 méi *adv.* have not, did not	【例】① 卡尔昨天晚上没睡觉。 ② 她今天没去医院。

没关系 méiguānxi it doesn't matter, that's all right	【例】A：对不起！ B：没关系。
米饭 mǐfàn *n.* rice	【配】吃米饭，一碗（*m.*）米饭 【例】① 桌子上有两碗米饭。 ② 山口不喜欢吃米饭。
明天 míngtiān *n.* tomorrow	【例】① 明天不是星期天。 ② 你明天去哪儿？
名字 míngzi *n.* name	【例】① 那本书的名字是什么？ ② 你叫什么名字？

N

哪 nǎ *pron.* which	【配】哪个，哪些 【例】① 哪本书是你的？ ② 你们哪天回来？

哪儿 nǎr *pron.* where	【例】① 你家在哪儿？ ② 你在哪儿上汉语课？
那 nà *pron.* that	【配】那个，那些 【例】① 那是艾米的笔。 ② 那些苹果是谁的？ ③ 那个人是谁？
那儿 nàr *pron.* there	【例】① 我在那儿住了五天。 ② 他在那儿，你看见了吗？
呢 ne *part.*	【例】① 王先生在做什么呢？ ② 我的衣服呢？
能 néng *v.* can, be able to	【例】① 我不能和你去医院了。 ② 你能来上课吗？

你 nǐ *pron.* you	【例】① 你好！这是你的书吗？ ② 你做什么工作？
年 nián *m.* year	【配】今年，去年 【例】① 和子今年要回日本（Rìběn; Japan）工作。 ② 他每年都会来中国。
女儿 nǚ'ér *n.* daughter	【例】① 他有一个女儿。 ② 老师的女儿喜欢看书。

P

朋友 péngyou *n.* friend	【配】好朋友，很多朋友 【例】① 卡尔是我的好朋友。 ② 我在中国认识了很多朋友。
漂亮 piàoliang *adj.* beautiful	【配】很漂亮，漂亮的衣服 【例】① 他的女朋友很漂亮。 ② 艾米买了一件很漂亮的衣服。

苹果
píngguǒ
n. apple

【配】两个苹果，一些苹果
【例】① 我每天吃一个苹果。
② 我去超市买了些苹果。

Q

七
qī
num. seven

【例】一个星期有七天。

钱
qián
n. money

【配】多少钱，没（有）钱。
【例】① 他这个月没有钱了。
② 那台电视多少钱？
③ 这些苹果八块钱。

前面
qiánmian
n. in front of

【配】在前面，教室的前面
【例】① 小明坐在我前面。
② 我认识坐在教室前面的那个人。

请
qǐng
v. please

【例】① A：请坐。请喝茶！
B：谢谢！
② 请帮(bāng; help)我拿本书，好吗？

去 qù *v.* go	【配】去买衣服，去上课，去哪儿 【例】① 星期天我想去买衣服。 ② 你去上课了吗？

R

热 rè *adj.* hot	【配】很热，天气热 【例】① 今天天气不太热。 ② 昨天很热。
人 rén *n.* person	【配】很多人，那个人，好人 【例】① 火车站那儿有很多人。 ② 前面那个人是你的同学吗？ ③ 他是个好人。
认识 rènshi *v.* know	【配】不认识 【例】① 我不认识他。 ② 你们是怎么认识的？
日 rì *n.* day	【配】三月一日，几月几日 【例】① 她的生日（shēngrì; birthday）是四月十八日。 ② 你几月几日去西安？

S

三 sān *num.* three	【例】她女儿今年三岁了。
商店 shāngdiàn *n.* store, shop	【配】去商店，一个商店 【例】① 妈妈去商店买了几件衣服。 ② 这个商店很小，东西不多。
上 shàng *n.* up, on	【配】上面，桌子上 【例】① 桌子上有一些香蕉（xiāngjiāo; banana）。 ② 椅子上面有一本书。
上午 shàngwǔ *n.* morning	【例】① 明天上午我去朋友家。 ② 他上午有课（kè; lesson）。
少 shǎo *adj.* little, few	【配】不少，很少 【例】① 今天她买了不少水果。 ② 他认识的中国朋友很少。

谁 shéi *pron.* who	【例】① 谁在打电话？ ② 山口和谁去医院了？ ③ 这是谁的电脑？
什么 shénme *pron.* what	【配】什么时候，什么名字 【例】① 他什么时候能来？ ② 她叫什么名字？ ③ 你想（xiǎng; want）吃什么？
十 shí *num.* ten	【例】明天是十月一日。
时候 shíhou *n.* time, moment	【配】什么时候 【例】① 你什么时候回家？ ② 你什么时候下课？
是 shì *v.* be	【例】① 她是小林的朋友。 ② 我是美国人（Měiguórén; American）。 ③ 这本书是我的。

书 shū *n.* book	【配】一本书，看书 【例】① 桌子上的那本书是你的吗？ ② 小明喜欢看书。
水 shuǐ *n.* water	【配】热水，喝水 【例】① 在喝水的那个人是谁？ ② 有热水吗？我想喝水。
水果 shuǐguǒ *n.* fruit	【配】吃水果，水果店（shuǐguǒ diàn; fruit shop） 【例】① 你喜欢吃什么水果？ ② 水果店在哪儿？
睡觉 shuìjiào *v.* sleep	【例】① 爸爸在睡觉。 ② 我昨晚没睡觉。
说话 shuōhuà *v.* speak, talk	【例】① 他女儿今年一岁，不会说话。 ② 我现在不想说话。
四 sì *num.* four	【例】今天是星期四吗？

岁 suì *m.* year (of age)	【配】几岁，多少岁 【例】A：你妹妹几岁了？ B：她今年四岁。

T

他 tā *pron.* he, him	【例】① 他是爸爸的朋友。 ② 他喜欢看电影。 ③ 我不认识（rènshi; know）他。
她 tā *pron.* she, her	【例】① 她星期四回来。 ② 小丽很漂亮，我很喜欢她。
太 tài *adv.* too	【例】① 太好了！ ② 你太高（gāo; tall）了！

天气
tiānqì
n. weather

【配】天气预报（yùbào; forecast）
【例】① A：今天天气怎么样？
B：今天天气不太好。
② 天气预报说今天有雨。

听
tīng
v. listen

【配】听歌（gē; song）
【例】① 她很喜欢听歌。
② 你听，老师在说什么？

同学
tóngxué
n. classmate

【配】他（的）同学，一位同学
【例】① 他不是我同学。
② 这三位同学我不认识。

W

喂
wéi
interj. hello

【例】A：喂，你好！是王先生吗？
B：你好，我是。

我
wǒ
pron. I, me

【例】① 我现在去北京大学（Běijīng Dàxué; Peking University）。
② 同学们都很喜欢我。

我们 wǒmen *pron.* we, us	【例】① 我们都学习汉语。 ② 我们明天都有课。 ③ 我很高兴她能帮助（bāngzhù; help）我们。
五 wǔ *num.* five	【例】请给我五个苹果。

X

喜欢 xǐhuan *v.* like	【配】喜欢看电视，喜欢看书 【例】① 我喜欢这件衣服。 ② 艾米很喜欢看书。
下 xià *n.* under, below	【配】下面，桌子下 【例】① 椅子下有一本书。 ② 桌子下有什么？
下午 xiàwǔ *n.* afternoon	【例】① 他下午去火车站。 ② 我今天下午去看电影。

下雨 xià yǔ rain	【例】① 下雨了，太冷了。 ② 这儿经常（jīngcháng; often）下雨。
先生 xiānsheng *n.* Mister	【配】李先生，一位先生 【例】① 李先生今天不上班。 ② 这位先生是医生。
现在 xiànzài *n.* now	【例】① 你现在去买水果吗？ ② 她现在工作了。 ③ 现在几点了？
想 xiǎng *v.* want, miss	【配】想唱歌，想家 【例】① 你想坐在哪儿？ ② 他想家了。 ③ 你在想什么呢？
小 xiǎo *adj.* small, little	【配】太小，大小 【例】① 我的房间太小了。 ② 这个小苹果是我的。

小姐 xiǎojiě *n.* Miss	【配】王小姐，一位小姐 【例】① 王小姐出去了。 ② 这位小姐我认识。
些 xiē *m.* some	【配】一些水，那些书 【例】① 天气很冷，他喝了一些热水。 ② 小王很喜欢这些歌。
写 xiě *v.* write	【配】写（汉）字 【例】① 他会写一些汉字。 ② 请写上你的名字。
谢谢 xièxie *v.* thanks	【例】A：谢谢你的书。 B：不客气！
星期 xīngqī *n.* week	【配】一个星期，星期五 【例】① 我两个星期没看见他了。 ② 你星期几回家？
学生 xuésheng *n.* student	【配】小学生，中学生，大学生 【例】① 我是一年级（niánjí; grade）的学生。 ② 教室里有三个学生。

学习 xuéxí *v.* study, learn	【配】学习汉语，爱学习 【例】① 她在北京学习汉语。 ② 他很爱学习。
学校 xuéxiào *n.* school	【配】去学校，学校里 【例】① 王老师今天没来学校。 ② 他现在在学校里上课。

Y

一 yī *num.* one	【例】昨天，我一个人在家看电视。
衣服 yīfu *n.* clothes	【配】一件衣服，买衣服 【例】① 这件衣服是谁的？ ② 我在买衣服呢，不在家。
医生 yīshēng *n.* doctor	【配】看医生，一位医生 【例】① 这儿的医生很好。 ② 我明天去看医生。

医院 yīyuàn *n.* hospital	【配】一家医院 【例】① 他今天要去医院。 ② 前面有一家医院。
椅子 yǐzi *n.* chair	【配】一把（*m.*）椅子 【例】那把椅子在哪儿？
有 yǒu *v.* have	【例】① 我有三个中国朋友。 ② 书上有你的名字。
月 yuè *n.* month	【配】五月，一个月 【例】① 我六月去北京。 ② 一年有 12 个月。

Z

在 zài *prep.* at, in	【配】在教室，在这儿 【例】① 他在学校工作。 ② 小林在商店里买东西。

再见 zàijiàn *v.* goodbye	【例】A：明天见！ B：再见！
怎么 zěnme *pron.* how	【例】A：你们是怎么来的？ B：我们是坐飞机来的。
怎么样 zěnmeyàng *pron.* how	【例】① 这件衣服怎么样？ ② 昨天的电影怎么样？
这 zhè *pron.* this	【配】这个，这些 【例】① 我买这几个苹果。 ② 这些人我都认识。
这儿 zhèr *pron.* here	【例】① 他在这儿住了两年了。 ② 来这儿认识了很多朋友，我很高兴。
中国 Zhōngguó *n.* China	【例】① 去年我在中国工作。 ② 我喜欢吃中国菜。

中午 zhōngwǔ *n.* noon	【例】我们今天中午去饭馆吃饭。
住 zhù *v.* live	【配】住几天，住在这儿 【例】① 我去朋友家住两天。 ② 你现在住在哪儿？
桌子 zhuōzi *n.* desk, table	【配】一张（*m.*）桌子 【例】我们教室有三十张桌子。
字 zì *n.* character	【配】汉字，写字，一个字 【例】他写了二十个汉字。
昨天 zuótiān *n.* yesterday	【例】① 昨天我没看见卡尔。 ② 他昨天没来上课。

坐 zuò *v.* sit	【配】请坐 【例】① A：王老师好！ B：你好，请坐。 ② 大家都坐下吧。
做 zuò *v.* do	【配】做作业（zuòyè; homework），做饭 【例】① 她在做作业。 ② 你会做饭吗？

新HSK词汇突破

2级词汇

B

吧 ba *part.*	【例】① 你是韩国人（Hánguórén; Korean）吧？我认识很多韩国朋友呢。 ② 明天我想去游泳，一起去吧！
白 bái *adj.* white	【配】白色 【例】① 艾米喜欢白色。 ② 她有很多白色的衣服。
百 bǎi *num.* hundred	【配】一百 【例】① 我学了一百多个汉字了。 ② 一年有三百六十五天。
帮助 bāngzhù *v.* help	【例】① 你能帮助我学习汉语吗？ ② 昨天是他帮助我找到这本书的。 ③ 小王很喜欢帮助同学。

报纸 bàozhǐ *n.* newspaper	【配】看报纸，买报纸，一份（*m.*）报纸 【例】① 爷爷（yéye; grandfather）在看报纸，你们出去玩儿吧。 ② 爸爸每天买一份报纸。
比 bǐ *prep.* than	【例】① 今天比昨天热。 ② 姐姐比妹妹大六岁。 ③ 苹果比西瓜贵。
别 bié *adv.* don't	【例】① 别去打篮球了，快要下雨了。 ② 别走，等等我！ ③ 你别穿这件衣服了，不太好看。

C

长 cháng *adj.* long	【配】很长，长时间 【例】① 这件衣服太长了，她不能穿。 ② 我学汉语的时间不长。

唱歌 chànggē *v.* sing	【配】喜欢唱歌，爱唱歌 【例】① 她非常喜欢唱歌，一个人的时候也唱。 ② 我们班他唱歌最好听。 ③ 我会唱歌，但唱得不太好。
出 chū *v.* go out	【配】出来，出去，出门 【例】① 你出来一下吧，老师有事找你。 ② 你已经学了两个小时了，出去玩儿玩儿吧。 ③ 我看见他从教室走出来了。
穿 chuān *v.* wear	【配】穿衣服 【例】① 那个穿红色衣服的女生是我同学。 ② 你看见他了吗？他穿着一件黑色的衣服。 ③ 她今天穿得很漂亮。
船 chuán *n.* boat	【配】坐船，上船 【例】① 他是坐船去青岛的。 ② 我们七点三十分上船。

次 cì *m.* time	【配】第一次，每次，几次 【例】① 这是我第一次来中国。 ② 他每次上课都回答老师的问题。 ③ 你来西安几次了？
从 cóng *prep.* from	【配】从上海到北京，从明天开始 【例】① 从我家到学校很近。 ② 他昨天从韩国回来了。 ③ 从明天开始，我每天早上七点起床。
错 cuò *adj.* wrong	【配】写错，看错，错题 【例】① 这个字写错了，你再看看书。 ② 对不起，我认错人了，不好意思。

D

打篮球 dǎ lánqiú play basketball	【例】① 我最喜欢打篮球。 ② 天晴了，我们去打篮球吧！

大家 dàjiā *pron.* everyone	【例】① 大家都去哪儿了？ ② 大家都坐下吧，现在开始开会。
但是 dànshì *conj.* but	【例】① 我想去旅游，但是现在没有时间。 ② 她每天都来上课，但是今天没来。 ③ 我想去游泳，但是外面下着雨。
到 dào *v.* arrive, reach	【例】① 到了英国（Yīngguó; Britain）给我打电话。 ② 去年我到过桂林一次，那里很漂亮。
得 de *part.*	【例】① 你唱得太好了，再唱一个吧。 ② 我昨天睡得很晚，所以今天起晚了。 ③ 你的汉字写得很漂亮。

等 děng *v.* wait	【配】等等，等一下，等人 【例】① 我们在这儿等等他吧。 ② 请等一下，我有件事要问你。 ③ 你在等人吗？
弟弟 dìdi *n.* younger brother	【例】① 我弟弟今年十岁了，在上小学（xiǎoxué; elementary school）。 ② 这是我弟弟的房间。
第一 dì-yī *num.* first	【配】第一次，第一个，第一名 【例】① 这是我第一次出国（chūguó; go abroad）。 ② 下课了，王欢是第一个走出教室的。 ③ 他每次考试都考第一（名）。
懂 dǒng *v.* understand	【配】听懂，不懂 【例】① 我已经说完了，你听懂了吗？ ② 你看不懂就去问老师。 ③ 他不懂我的意思。

对 duì *prep.* to	【例】① 我有事情要对你说。 ② 走路的时候看书，对眼睛不好。

F

房间 fángjiān *n.* room	【配】他的房间，房间里，两个房间 【例】① 这是谁的房间？ ② 房间里的电脑是我朋友的。 ③ 这儿还有两个房间。
非常 fēicháng *adv.* very	【配】非常远，非常贵，非常喜欢 【例】① 北京大学离这儿非常远，你坐车去吧。 ② 那家（*m.*）超市的牛奶和羊肉非常贵，你去别的超市吧。 ③ 弟弟非常喜欢打篮球。
服务员 fúwùyuán *n.* attendant	【配】一位服务员 【例】① 他的姐姐是服务员。 ② 这家饭馆的服务员很好。

G

高 gāo *adj*. tall	【配】真高，不高 【例】① 妹妹比姐姐高。 ② 你看，右边那个男生真高！
告诉 gàosu *v*. tell	【例】① 不要问了，我不会告诉你的。 ② 你告诉她我在公司门口（ménkǒu; entrance）等她。 ③ 他告诉过我那本书的名字。
哥哥 gēge *n*. elder brother	【例】① 他的哥哥已经找到工作了。 ② 哥哥的女朋友非常漂亮。
给 gěi *v*. give	【例】① 哥哥给了我一块手表。 ② 这本书是姐姐给你的。 ③ 天气太热了，请给我一杯水喝。

公共汽车
gōnggòng qìchē
n. bus

【配】坐公共汽车，等公共汽车，一辆（*m.*）公共汽车

【例】① 我不喜欢坐公共汽车，因为人太多了。
② 他每天坐公共汽车上班。
③ 我在这儿等公共汽车，已经等了十多分钟了。

公斤
gōngjīn
m. kilogram

【配】几公斤，多少公斤，一公斤

【例】① 你买了几公斤鸡蛋？
② 这些苹果有多少公斤？
③ 羊肉一公斤多少钱？

公司
gōngsī
n. company

【配】一家公司，大公司

【例】① 我在这家公司工作五年了。
② 爸爸的公司在中国，所以他现在住在中国。
③ 这家公司不大。

贵
guì
adj. expensive

【配】很贵，不贵

【例】① 我觉得这个手机太贵了，别买了。
② 这辆（*m.*）自行车不贵，颜色也很漂亮。

过
guò
part.

【例】① 我十岁的时候去过泰山（Tài Shān; Mount Tai）。
② 我没去过他家，不知道他家在哪儿，你问问小王吧。
③ 我已经打过电话了。

H

还
hái
adv. still

【例】① 我想买苹果，还想买香蕉。
② 我们去了故宫（Gùgōng; the Imperial Palace），还去了颐和园（Yíhé Yuán; the Summer Palace）。
③ 十二点了，他还在学习。

孩子
háizi
n. child

【配】小孩子，男 / 女孩子
【例】① 我很喜欢三四岁的小孩子。
② 这个女孩子真可爱（kě'ài; lovely）！

好吃 hǎo chī delicious	【配】很好吃，不好吃 【例】① 你昨天买的西瓜很好吃，下次我们再去那家超市买。 ② 你觉得哪家饭店做的菜好吃？ ③ 这家饭店做的鱼不好吃。
号 hào *n.* date, number	【配】二月五号，手机号 【例】① 你的生日是几月几号？ ② 今天几号了？ ③ 你的手机号是多少？
黑 hēi *adj.* black	【配】很黑 【例】① 他的头发(tóufà; hair)很黑。 ② 天黑了，你快回家吧。
红 hóng *adj.* red	【配】脸红，红苹果 【例】① 她的脸（liǎn; face）红了。 ② 她刚吃了一个红苹果。
欢迎 huānyíng *v.* welcome	【配】欢迎你 【例】① 欢迎您到北京来！ ② 欢迎我们的新同学！

回答 huídá *v.* answer	【配】回答问题 【例】① 请回答我的问题。 ② 对不起，这个问题我不能回答。

J

机场 jīchǎng *n.* airport	【配】去机场，在机场 【例】① 明天早上我要去机场送朋友，所以不能去上课了。 ② 他已经在机场等了一个小时了。
鸡蛋 jīdàn *n.* egg	【配】买鸡蛋，一斤鸡蛋 【例】① 我昨天在超市买了三斤鸡蛋。 ② 现在鸡蛋多少钱一斤？
件 jiàn *m.* piece	【配】一件事，两件衣服 【例】① 这件事妈妈不知道，我们要不要告诉她？ ② 玛丽非常喜欢买衣服，昨天又买了三件。

教室 jiàoshì *n.* classroom	【配】教室里，一间（*m.*）教室 【例】① 小华在教室里看书呢。 ② 这儿有间大教室，里面没人。 ③ A：请问，去第二教室怎么走？ B：前面那个就是。
姐姐 jiějie *n.* elder sister	【例】① 你好，我是你姐姐的朋友。 ② 姐姐的电脑坏（huài; broken）了。
介绍 jièshào *v.* introduce	【配】介绍一下，自我介绍（zìwǒ jièshào; introduce oneself） 【例】① 介绍一下你的新朋友吧。 ② 每个同学都做自我介绍。
进 jìn *v.* enter	【配】进来，走进去 【例】① 进来吧，门没关。 ② 我看见他走进教室了。

近
jìn
adj. close, near

【配】很近，不太近
【例】① 公司离我家很近。
② 找个离这儿近的饭店吧。
③ 学校离我家不太近，我每天坐公共汽车上学。

就
jiù
adv. at once, already

【例】① 我们明天就去火车站买票。
② 我星期三就到北京了。

觉得
juéde
v. feel, think

【例】① 你觉得我做的菜怎么样?
② 他觉得这儿的咖啡不好喝。

K

咖啡
kāfēi
n. coffee

【配】喝咖啡，一杯咖啡，热咖啡
【例】① 她喜欢每天下午喝一杯咖啡。
② 你喝不喝热咖啡?

开始
kāishǐ
v. begin, start

【配】开始工作，从今天开始
【例】① 晚会要开始了，快走吧。
② 他每天九点开始工作。
③ 从今天开始，我要好好学游泳。

考试
kǎoshì
n. examination, test

【配】汉语考试，考试题
【例】① 大家都不喜欢考试。
② 这次汉语考试很难（nán; difficult），我有很多题都不会。

可能
kěnéng
v. probably, maybe

【例】① A：小林认识那边穿红衣服的人吗？
B：她可能认识。
② 现在十一点多了，他可能在睡觉。
③ 我可能不回家吃饭了，你们别等我了。

可以 kěyǐ *v.* can, may	【配】不可以 【例】① 今天看不完，你可以明天再看。 ② A：我可以看看你这本书吗？ B：当然（dāngrán; of course）可以。 ③ 中国朋友说汉语，我可以听懂。
课 kè *n.* class, lesson	【配】一节（*m.*）课，篮球课，上课 【例】① 我们上午有两节篮球课。 ② 下课了，休息休息吧。 ③ 老师正在上课，下课后再给他打电话吧。
快 kuài *adj.* fast, quick	【配】说得快，跑得快 【例】① 她说汉语说得太快，我听不懂。 ② 他跑得真快，这次又是第一。

快乐 kuàilè *adj.* happy	【配】很快乐，不快乐，快乐的孩子 【例】① 他每天都很快乐，我们都喜欢和他一起玩儿。 ② 妹妹是一个快乐的孩子。

L

累 lèi *adj.* tired	【配】很累，不累 【例】① 我累了，想去睡觉了。 ② 你已经工作了一天了，累不累啊？
离 lí *v.* be away from	【配】离得远 【例】① 请问,北京大学离这儿远吗？ ② 我们的教室离图书馆很近。
两 liǎng *num.* two	【配】两个月，两千块，两次 【例】① 我两个月没看见他了，他去哪儿了？ ② 这块手表两千元，是一个朋友送给我的。 ③ 我去过北京两次。

路
lù
n. road

【配】走路，路边，路上
【例】① 从这儿到学校，走路要十分钟。
② 路两边有很多花儿（huār; flower）。
③ 我现在在路上，有事回家再说吧。

旅游
lǚyóu
v. travel

【配】喜欢旅游，去旅游
【例】① 你喜欢旅游吗？
② 我们下周（xiàzhōu; next week）一起去苏州旅游，好吗？
③ 他现在在哈尔滨旅游，七天后回来。

M

卖
mài
v. sell

【配】卖东西，卖完
【例】① 那边卖什么东西呢？我们去看看吧。
② A：请问，苹果怎么卖？
B：四块五一斤。
③ 超市里的西瓜卖完了。

慢 màn *adj.* slow	【配】走得慢 【例】① 你走得真慢，火车要开了。 ② 她开车很慢。
忙 máng *adj.* busy	【配】非常忙，不忙 【例】① 我上个月很忙，这个月不太忙了。 ② 你明天忙不忙，我们去看电影吧。
每 měi *pron.* every, each	【配】每月，每次，每个人 【例】① 他每星期给家里打一次电话。 ② 我每天六点起床。 ③ 在这里，每个人都喜欢喝茶。
妹妹 mèimei *n.* younger sister	【例】① 张华的妹妹给你打电话了。 ② 这是我妹妹的书，不是我的。
门 mén *n.* door	【配】开门，出门，门外 【例】① 让我来开门吧！ ② 她已经出门了。 ③ 门外有一个人，你认识吗？

N

男人 nánrén *n.* man	【配】两个男人 【例】① 那个男人是谁？ ② 椅子上坐着两个男人。
您 nín *pron.* (honor) you	【例】① 您在哪儿下车？ ② 您是刘老师吧？
牛奶 niúnǎi *n.* milk	【配】喝牛奶，两杯牛奶 【例】① 他每天早上喝一杯牛奶。 ② 喝牛奶对身体很好。
女人 nǚrén *n.* woman	【配】一个女人 【例】① 我不认识那个女人。 ② 那个穿红衣服的女人是我妈妈。

P

旁边 pángbiān *n.* side	【配】桌子旁边，医院旁边，他旁边 【例】① 医院旁边有家商店。 ② 上课的时候，我坐在他旁边。

跑步 pǎobù *v.* run	【例】① 他每天早上六点起床跑步。 ② 你认识那个正在跑步的人吗？
便宜 piányi *adj.* cheap	【配】不便宜，很便宜 【例】① 他买了一张很便宜的电影票。 ② 我觉得这件衣服不便宜。
票 piào *n.* ticket	【配】飞机票，电影票，两张票 【例】① 你后天回国，怎么还不买机票？ ② 我这儿有两张电影票，你们去看电影吧。

Q

妻子 qīzi *n.* wife	【例】① 我来介绍一下，这位是我的妻子。 ② 这块手表是我送给妻子的。
起床 qǐchuáng *v.* get up	【例】① 起床吧，现在已经是中午十二点了。 ② 你每天几点起床？

千 qiān *num.* thousand	【配】一千 【例】① 我们学校有五千人。 ② 今天来了一千多人。
晴 qíng *adj.* sunny	【配】晴天 【例】① 天晴了,我们去海边(hǎibiān; seaside) 吧! ② 这两天都是阴天，明天就是晴天了。
去年 qùnián *n.* last year	【例】① 我是去年来中国的。 ② 去年你在哪儿学习汉语?

R

让 ràng *v.* let	【例】① 不好意思，让你等了这么长时间。 ② 医生让我每天吃三次药。 ③ 你让他进来吧,外面太冷了。

S

上班 shàngbān *v.* go to work	【配】在上班，去上班 【例】① 你在哪家公司上班？ ② 他正在上班，别给他打电话了。 ③ 她去上班了，不在家。
身体 shēntǐ *n.* body, health	【配】身体很好，注意（zhùyì; take care）身体 【例】① 她最近（zuìjìn; recently）身体怎么样？ ② 天气冷了，注意身体啊！
生病 shēngbìng *v.* fall ill	【例】① 卡尔生病了，不能和你一起去看电影了。 ② 我朋友生病了，他一天没吃东西了。

生日 shēngrì *n.* birthday	【配】我的生日，生日晚会（wǎnhuì; party） 【例】① 下星期六是我的生日。 ② 欢迎你来参加我的生日晚会。 ③ 生日快乐！这是我送你的礼物（lǐwù; gift）。
时间 shíjiān *n.* time	【配】没（有）时间，很长时间 【例】① 我现在非常忙，没有时间，你明天再来吧。 ② 你在这儿工作多长时间了？
事情 shìqing *n.* thing, matter	【配】一件事情，有事情，什么事情 【例】① 你有什么事情要告诉我吗？ ② 她因为工作上的事情不高兴。
手表 shǒubiǎo *n.* wrist watch	【配】戴（dài; wear）手表，一块手表 【例】① 这是我从法国（Fǎguó; France）买的手表。 ② 他每天都戴着女朋友送的手表。

手机 shǒujī *n.* cellphone	【配】新手机，买手机，一部（*m.*）手机 【例】① 这个白色手机不贵，还很好看。 ② 这部手机是他送给我的。 ③ 昨天下午，她没去买手机。
送 sòng *v.* give as a present, see sb. off, deliver	【配】送她回家 【例】① 下周一是妈妈的生日，我想送她一件漂亮的衣服。 ② 现在太晚了，我送你回去。 ③ 这是李小姐送来的机票。
所以 suǒyǐ *conj.* so	【配】因为……所以…… 【例】① 我家离公司很远，所以我每天早上都起得很早。 ② 妹妹非常可爱，所以大家都很喜欢她。 ③ 因为天气不好，所以他没去游泳。

T

它 tā *pron.* it	【例】① 这是我家的猫，它的名字叫小白。 ② 不好的事情就让它过去（guòqu; pass away）吧。
踢足球 tī zúqiú play soccer	【例】① 我们班没和中级 B 班踢过足球。 ② 迈克尔喜欢踢足球，但是我喜欢打篮球。 ③ 我踢了一下午足球，真累啊！
题 tí *n.* question	【配】一道（*m.*）题，第三题 【例】① 这道题我做错了。 ② 第五题太难了，我不知道怎么做。

跳舞 tiàowǔ *v.* dance	【配】喜欢跳舞，学跳舞，跟……一起跳舞 【例】① 我很喜欢跳舞，但是跳得不好。 ② 我生日那天，我和他一起跳舞了。 ③ 他们跳完舞就去休息了。

W

外 wài *n.* out, outside	【配】门外，教室外 【例】① 门外有个人找你。 ② 学校外有一家不错的咖啡馆(kāfēiguǎn; coffee house)。
完 wán *v.* finish	【配】看完，唱完歌 【例】① 你打完篮球去哪儿吃饭？ ② 你看完报纸，给我看看吧。

玩 wán *v.* play	【配】玩电脑 【例】① 他现在很忙，没有玩儿的时间。 ② 孩子们都出去玩儿了。 ③ 弟弟很喜欢玩电脑。
晚上 wǎnshang *n.* evening, night	【配】每天晚上，明天晚上 【例】① 你们每天晚上在哪儿吃饭？ ② 我是今天晚上八点到的。
为什么 wèishénme *adv.* why	【例】① 她为什么没来？ ② 你为什么不想去外面吃饭？
问 wèn *v.* ask	【配】问路，问老师，问问题 【例】① 请问，去中国人民大学怎么走？ ② 这个汉字我也不认识，你去问问老师吧。 ③ 我想问你一个问题。

问题 wèntí *n.* question, problem	【配】一个问题，什么问题，有问题 【例】① 学习时有什么问题，可以来问我。 ② 我有很多问题要问老师。

X

西瓜 xīguā *n.* watermelon	【配】三个西瓜 【例】① 这个大西瓜真甜（tián; sweet）啊！ ② 你昨天买了几个西瓜？
希望 xīwàng *v.* hope	【例】① 我希望明天是个晴天。 ② 后天是我生日，希望你能来。 ③ 希望每个人都快乐。
洗 xǐ *v.* wash	【配】洗衣服，洗水果，洗手 【例】① 你下午洗不洗衣服？ ② 你去洗洗这个苹果吧。
向 xiàng *prep.* to, towards	【配】向左走，向前看 【例】① 你向前走走就能看见那家超市。 ② 你向左看，我就在水果店旁边。

小时 xiǎoshí *n.* hour	【配】一个半小时，几个小时 【例】① 两个小时后我在火车站等你。 ② 我每天运动一小时。
笑 xiào *v.* smile, laugh	【配】大笑 【例】① 丈夫笑着说：“今天晚上我做饭，你休息。” ② 他笑了笑，没说什么就走了。
新 xīn *adj.* new	【配】新手表，新老师 【例】① 这个篮球是新的，我昨天买的。 ② 你喜欢我们的新老师吗？
姓 xìng *v.* be surnamed *n.* surname	【配】姓王 【例】① A：你姓（*v.*）什么？ B：我姓（*v.*）林。 ② 中国人的姓（*n.*）在名字的前面，但是有些外国人的姓（*n.*）在名字的后面。

休息 xiūxi *v.* take a rest	【配】休息一下，休息一会儿（yíhuìr; a little while） 【例】① 她每天中午休息半小时。 ② 休息一下吧，你已经学了三个小时了。 ③ 今天不忙，多休息一会儿吧。
雪 xuě *n.* snow	【配】下雪，大雪，一场雪 【例】① 去年冬天下了两场大雪。 ② 下完雪以后，我喜欢出去堆雪人（duī xuěrén; make a snowman）。

Y

颜色 yánsè *n.* colour	【配】红颜色 【例】① 你最喜欢什么颜色？ ② 你的新电脑是什么颜色的？
眼睛 yǎnjing *n.* eye	【配】大眼睛，一双（*m.*）眼睛，黑眼睛 【例】① 她有一双漂亮的眼睛。 ② 你眼睛怎么了？

羊肉 yángròu *n.* mutton	【配】吃羊肉，买羊肉 【例】① 这次买的羊肉不好吃。 ② 羊肉比牛肉（niúròu; beef）贵。
药 yào *n.* medicine	【配】吃药，中药（zhōngyào; traditional Chinese medicine） 【例】① 你今天吃过药了吗？ ② 医生说这药一天吃两次。
要 yào *v.* must, shall	【例】① 这周末 (zhōumò; weekend) 我要去买自行车，希望不要下雨。 ② 小李今天没来，他上午要考试。
也 yě *adv.* also, too	【例】① 我会说汉语，也会说法语。 ② 我也有一辆这样的自行车。
已经 yǐjīng *adv.* already	【例】① 他已经去学校了，你没看见他吗？ ② 我已经见过王老师了。

一起 yìqǐ *adv.* together	【配】一起唱歌，一起上课 【例】① 周末我们一起上汉语课。 ② 他们一起去火车站了。
意思 yìsi *n.* meaning	【配】什么意思 【例】① 这个字的意思是什么？ ② 我不明白（míngbai; understand）你的意思。
因为 yīnwèi *conj.* because	【配】因为……所以…… 【例】① 他今天不高兴，因为昨天的考试考得不好。 ② 她今天很累，因为昨天晚上睡得很晚。
阴 yīn *adj.* cloudy	【配】阴天 【例】① 天有点儿阴，可能要下雨。 ② 今天阴天，你别去爬（pá; climb）山了。
游泳 yóuyǒng *v.* swim	【配】去游泳，学游泳 【例】① 今天天气不错，我们去游泳吧。 ② 他们三点开始游泳，已经游了四十分钟了。

右边 yòubian *n.* the right side	【配】椅子右边 【例】① 坐在右边的是小张的姐姐。 ② 椅子右边有一张（*m.*）桌子。
鱼 yú *n.* fish	【配】小鱼，一条（*m.*）鱼，吃鱼 【例】① 这条小鱼真好看！ ② 哥哥非常喜欢吃鱼。
元 yuán *m.* (for money)	【配】一元钱，三元 【例】① 桌子上的一百元钱是谁的? ② 苹果八元一斤，太贵了。
远 yuǎn *adj.* far, distant	【配】非常远，不太远 【例】① 从这儿到机场有多远? ② 我家离学校不远，坐车二十分钟就到了。
运动 yùndòng *v.* take exercise	【配】爱运动 【例】① 你每天运动多长时间? ② 卡尔很爱运动。

Z

再 zài *adv.* again	【例】① 这里的鸡蛋真便宜，再买两斤吧。 ② 你再休息半个小时吧，我们是十点的火车。
早上 zǎoshang *n.* morning	【配】每天早上 【例】① 我每天早上八点起床。 ② 昨天早上我在公司门口看见他了。
张 zhāng *m.* piece	【配】一张桌子，两张纸 【例】① 我们去买张新的桌子吧。 ② 请给我一张白纸，可以吗？
丈夫 zhàngfu *n.* husband	【例】① 小张的丈夫是个老师。 ② 这本书是我丈夫送给我的。
找 zhǎo *v.* look for	【配】找东西，找人 【例】① 我家就在沃尔玛（Wò'ěr mǎ; Walmart）旁边，很好找。 ② 你再找找，我昨天还看见它在这儿呢。

着 zhe *part.*	【例】① 妹妹笑着对我说："再见！" ② 她唱着歌走进教室。
真 zhēn *adv.* really, truly	【配】真高兴，真好吃，真便宜 【例】① 你们学校真大！ ② 这家商店的东西真便宜！
正在 zhèngzài *adv.* in process of	【例】① 我给她打电话的时候，她正在洗衣服呢。 ② 爸爸正在睡觉，你们出去玩儿吧。
知道 zhīdào *v.* know	【配】不知道 【例】① 我不知道你的机票在哪儿。 ② 你知道那件红色的衣服是谁的吗？ ③ 你怎么知道我要去北京？
准备 zhǔnbèi *v.* prepare	【配】准备考试，准备一下 【例】① 大家都在准备考试，没有时间出去玩儿。 ② 你准备一下，我们九点走。

自行车 zìxíngchē *n.* bicycle	【配】骑（qí; ride）自行车，一辆自行车 【例】① 我买了一辆红色自行车。 ② 她不会骑自行车。
走 zǒu *v.* walk, go	【配】走路，别走 【例】① 走路要半个多小时，你坐车去吧。 ② 你别走了，可能要下雨。
最 zuì *adv.* most	【配】最好，最想，最热 【例】① 今天是今年夏天最热的一天。 ② 他最希望能和爸爸一起去旅游。 ③ 王老师是我认识的最好的汉语老师。
左边 zuǒbian *n.* the left side	【配】桌子左边 【例】① 坐在王先生左边的那个人是他的妻子吗？ ② 电视左边有一把椅子。

新HSK
词汇突破

• 3级词汇 •

A

阿姨 āyí *n.* aunt	【例】① 我的阿姨是医生，在医院工作。 ② 这位阿姨是我朋友的妈妈。
啊 ā *interj.*	【例】① 这儿的冬天真冷啊！ ② 她唱得多好啊！ ③ 她的房间真干净啊！
矮 ǎi *adj.* short	【例】① 虽然我比他大两岁，但是比他矮。 ② 这张桌子有点儿矮，换一张吧。 ③ 她比我矮一点儿（yìdiǎnr; a little）。
爱好 àihào *n.* hobby	【例】① 你的爱好是什么？ ② 我的爱好是踢足球，他的爱好是听音乐。 ③ 我们的爱好是打太极拳（tàijíquán; taijiquan）。

安静
ānjìng
adj. quiet

【配】很安静，安静极了，安静的房间

【例】① 图书馆里很安静。
② 这里安静极了。
③ 她是一个安静的女孩，很爱看书。

B

把
bǎ
prep.

【例】① 把门关上，可以吗？
② 请把椅子搬过来。
③ 我把手机放在包里了。

班
bān
n. class

【配】一班，三个班

【例】① 我在中级一班，我的好朋友在二班。
② 我们学校一共有六个汉语班。

搬
bān
v. move

【配】搬家，搬桌子，搬进来
【例】① 我下个月搬家，你能来帮我吗？
② 搬一下这把椅子，你坐在这边。
③ 你把椅子搬进来吧。

半
bàn
num. half

【配】半斤，半节课，半天
【例】① 这条鱼三斤半，一共是二十五块。
② 我们已经上了半节课了，他才来。
③ 我等了他半天了，他还不来。

办法
bànfǎ
n. way, measure

【配】好办法，想办法，没办法
【例】① 我有一个办法，你听听怎么样。
② 你想想办法吧，我不知道怎么办了。
③ 没办法，我必须每天五点起床。

办公室 bàngōngshì *n.* office	**【配】** 一间办公室 **【例】** ① 王老师不在办公室，他去上课了。 ② 他们的办公室很大，而且很干净。
帮忙 bāngmáng *v.* help	**【配】** 帮个忙，帮他的忙 **【例】** ① 你有事就找他，他一定会帮忙的。 ② 我想请你帮个忙。 ③ 你一定要帮他的忙。
包 bāo *n.* bag	**【配】** 书包，钱包 **【例】** ① 我把包放在桌子上了。 ② 你在找那个黑色的钱包吗？ ③ 让我看看包里面是什么？
饱 bǎo *adj.* full	**【配】** 吃饱 **【例】** ① 我已经饱了，不能再吃了。 ② 你一定要吃饱啊，别客气。

北方
běifāng
n. north

【配】北方人，从北方来
【例】① 我爸爸是北方人，妈妈是南方人。
② 他是从北方来的。

被
bèi
prep.

【例】① 我昨天买的西瓜被他们吃完了。
② 杯子被弟弟打破了。
③ 蛋糕被我吃了一半。

鼻子
bízi
n. nose

【例】① 他的鼻子破了。
② 他有一个很漂亮的鼻子。

比较
bǐjiào
adv. fairly, rather

【配】比较便宜，比较喜欢
【例】① 在汉语学习中，汉字是比较难学的。
② 我比较喜欢骑自行车。

比赛
bǐsài
n. match

【配】足球比赛，两场比赛，参加比赛
【例】① 她参加了上一次的唱歌比赛。
② 这次游泳比赛她得了第一（名）。
③ 下午还有一场比赛。

必须 bìxū *adv.* must, have to	【例】① 大家必须一起努力。 ② 考试之前必须做好准备。 ③ 明天你必须来，因为你是班长。
变化 biànhuà *v.* change	【配】变化很大 【例】① 已经五年没来这儿了，变化真大啊！ ② 两年不见，她变化太大了。
表示 biǎoshì *v.* show, indicate	【配】表示关心，表示同意 【例】① 对他的想法，我们都表示同意。 ② 他戴着结婚戒指（jièzhi; ring），表示他已经结婚了。
表演 biǎoyǎn *v.* perform	【配】表演节目 【例】① 这次元旦（yuándàn; New Year's Day），我们班每个人都要表演节目。 ② 你昨天晚上表演得好极了。

别人
biérén
pron. others

【例】① 除了我，别人都不知道这件事。
② 这是别人的事，和你没关系。

宾馆
bīnguǎn
n. hotel

【配】住宾馆，一家宾馆
【例】① 他在宾馆住了两天。
② 哪家宾馆比较好？

冰箱
bīngxiāng
n. refrigerator

【配】一个冰箱
【例】① 这个冰箱比那个冰箱好多了。
② 我买了一个新冰箱。

C

才
cái
adv. not until, just, only

【例】① 上午九点他才来上课。
② 你才知道这件事啊，大家都知道了。
③ 昨天晚上他一点才睡觉。

菜单
càidān
n. menu

【配】看菜单，一份菜单

【例】① 这个饭店的菜单是用英文写的。

② 你看一下菜单，喜欢吃什么就点（diǎn; order）什么。

参加
cānjiā
v. join, attend

【配】参加活动，参加比赛，参加晚会

【例】① 这次参加比赛的人不太多。

② 你去参加明天晚上的新年晚会吗？

草
cǎo
n. grass

【配】小草，草地，吃草

【例】① 春天来了，小草都绿了。

② 学校后面有一片（*m.*）草地。

③ 羊（yáng; goat）在山上吃草。

层
céng
m. floor

【配】第二层，八层楼

【例】① 你住在第几层啊？

② 这栋（*m.*）楼一共有二十层。

差 chà *adj.* bad *v.* be less than	【配】差不多 【例】① 他们学汉语的时间一样长，但是水平差（*adj.*）很多。 ② 这两种颜色差（*adj.*）不多，都很好看。 ③ A：现在几点了？ B：差（*v.*）五分十一点。
超市 chāoshì *n.* supermarket	【配】去超市，一家超市 【例】① 妈妈去超市买东西了。 ② 我家前面有一家超市，但是里面的东西很贵。
衬衫 chènshān *n.* shirt	【配】一件衬衫，白衬衫 【例】① 爸爸过生日时，她送给爸爸一件衬衫。 ② 她买了一件红色的衬衫。
成绩 chéngjì *n.* result, grade	【配】好成绩，考试成绩 【例】① 他这次考试成绩不太好，这几天一直都不高兴。 ② 他们上次比赛的成绩非常好，但是这一次不好。

城市
chéngshì
n. city

【配】大城市，一座 / 个城市
【例】① 虽然很多人喜欢大城市，但我还是喜欢小城市。
② 我来到这个城市以后认识了他。

迟到
chídào
v. be late

【例】① 你今天怎么又迟到了？
② 他最近经常迟到，可能是因为晚上睡得太晚。
③ 从今天开始，每个人都不能迟到。

出现
chūxiàn
v. appear

【配】出现问题
【例】① 昨天刚买的照相机今天就出现了问题。
② 新出现的变化让他很担心。

厨房
chúfáng
n. kitchen

【配】在厨房，一间厨房
【例】① 妈妈很喜欢她的厨房，每天都打扫得很干净。
② 他家的厨房真大！

除了 chúle *prep.* besides, except	【例】① 除了中国，我还去过新加坡和日本。 ② 他回国的事，除了我，大家都不知道。
春 chūn *n.* spring	【配】春天，春季 【例】① 和秋天比，我更喜欢春天。 ② 春季是我最喜欢的季节。
词语 cíyǔ *n.* word	【例】① 这一课有五个已经学过的词语。 ② 写作业的时候，如果有不认识的词语，记（jì; record）一下。
聪明 cōngming *adj.* clever	【配】很聪明，聪明的学生 【例】① 他很聪明，但是学习不努力。 ② 他是一个聪明的学生，而且学习很努力，所以成绩很好。

D

打扫
dǎsǎo
v. clean, sweep

【配】打扫厨房，打扫教室，打扫干净

【例】① 你去打扫一下厨房吧。
② 今天是谁打扫教室？
③ 她每天打扫自己的房间。

打算
dǎsuan
v. plan

【例】① 他打算明天去桂林。
② 我打算下个月考新 HSK 六级。
③ 我们打算下星期去苏州旅游，你帮我照顾一下妹妹，好吗？

带
dài
v. take

【配】带来，带走

【例】① 姐姐不愿意带妹妹出去玩儿。
② 我今天没带手机，所以没听到你的电话。
③ 你把护照带来了吗？

担心 dānxīn *v.* worry about	【配】别担心 【例】① 你不接电话，我很担心你。 ② 他担心以后找不到好工作，所以现在很努力地学习。 ③ 别担心，一定不会有事的。
蛋糕 dàngāo *n.* cake	【配】一块蛋糕，生日蛋糕，买蛋糕 【例】① 过生日那天，朋友给我买了一个大大的蛋糕。 ② 我下午去蛋糕店，你要一起去吗？
当然 dāngrán *adv.* of course, certainly	【例】① A：我借一下你的自行车，可以吗？ B：当然可以。 ② 我妈妈是中国人，我当然会说汉语了。
地 de *part.*	【例】① 看到女儿，妈妈高兴地笑了。 ② 孩子们都在努力地学习。 ③ 他难过地看着她离开。

灯 dēng *n.* light	【配】台灯（táidēng; lamp），红灯，开灯 / 关灯 【例】① 红灯的时候要停（tíng; stop）下来。 ② 出门以前一定记得（jìde; remember）关灯。
低 dī *adj.* low	【配】很低，低年级，水平低 【例】① A：这样可以吗？ B：再低一点儿。 ② 低年级的同学站在前面。 ③ 我只学了一年汉语，我的汉语水平还很低。
地方 dìfang *n.* place	【配】什么地方，这个地方 【例】① 你想去什么地方上大学？ ② 我住的地方离这儿不远，我们走着回去吧。 ③ 这个地方我还没来过呢。

地铁 dìtiě *n.* subway	【配】坐地铁，地铁站 【例】① 从这儿去天安门，坐地铁要二十分钟。 ② 这儿离地铁站很远，你坐公交车去吧。
地图 dìtú *n.* map	【配】中国地图，一张地图 【例】① 你看一下地图就知道怎么走了。 ② 我想买一张北京市地图。
电梯 diàntī *n.* elevator	【配】坐电梯 【例】① 他的办公室在七楼，我们坐电梯上去吧。 ② 大楼里的电梯坏了，他爬楼上来的。
电子邮件 diànzǐ yóujiàn email	【配】收（shōu; receive）发（fā; send）电子邮件 【例】① 我给你发电子邮件了，你收到了没有？ ② 用电子邮件联系（liánxì; contact）朋友很方便。

东 dōng *n.* east	【配】东方，东边，向东 【例】① 第三教学楼的东边就是游泳馆（yóuyǒngguǎn; natatorium）。 ② 一直向东走，你会看见一栋红色的大楼，我在一楼等你。
冬 dōng *n.* winter	【配】冬天，冬季 【例】① 这儿的冬天特别冷，但是很美。 ② 一年四季中，我最不喜欢冬天。
动物 dòngwù *n.* animal	【配】小动物，动物园 【例】① 孩子都喜欢小动物。 ② 我没去过动物园。
短 duǎn *adj.* short	【配】太 / 很短 【例】① 这条裤子太短了，我不能穿。 ② 我在中国的时间很短，还不太习惯。

段 duàn *m.* paragraph	【配】两段，第一段 【例】① 这篇文章一共有七段。 ② 请读一下课文的第二段。
锻炼 duànliàn *v.* take exercise	【配】锻炼身体 【例】① 我每天锻炼半个小时。 ② 多锻炼才会有一个好的身体。
多么 duōme *adv.* how	【配】多么好，多么希望 【例】① 今天天气多么好啊！ ② 她多么希望你在这儿多住几天啊！

E

饿 è *adj.* hungry	【配】很饿，不饿 【例】① 我饿了，中午我们去哪儿吃饭？ ② 我现在不饿，等一会儿再做饭吧。

而且 érqiě *conj.* and	【例】① 他会说汉语，而且说得不错。 ② 她很聪明，而且很努力。
耳朵 ěrduo *n.* ear	【配】两只耳朵 【例】这只小狗的耳朵一只是白色的，一只是黑色的。

F

发烧 fāshāo *v.* have a fever	【例】① 他今天发烧，不能去上课了。 ② 你发烧了，快去看医生吧。
发现 fāxiàn *v.* find, discover	【配】发现情况，发现问题 【例】① 下车后，我发现手机没了。 ② 到家以后，我才发现钱包在桌子上。

方便 fāngbiàn *adj.* convenient	【配】很方便，不方便 【例】① 我家附近有两家超市，买东西很方便。 ② 这里有地铁站，又有公交车站，方便极了。
放 fàng *v.* release, put	【配】放学，放假（fàngjià; have a holiday） 【例】① 你们几点放学？ ② 你们什么时候放假？ ③ 我把手表放在电脑旁边了。
放心 fàngxīn *v.* set one's mind at rest	【例】① 他笑着对妈妈说："放心吧，我会照顾好自己的。" ② 您放心，我到了北京就给您打电话。
分 fēn *m.* minute, cent, point	【配】三点十分，两角五分，九十分 【例】① 我可能五点十分到学校。 ② 这种糖很便宜，两角五分一个。 ③ 这次考试他考了九十分。

附近 fùjìn *n.* nearby	【例】① 附近有医院吗？ ② 你们公司附近的饭馆哪个好些？
复习 fùxí *v.* review	【配】复习功课 【例】① 卡尔在复习，因为明天要考试。 ② 第五课你复习完了吗？

G

干净 gānjìng *adj.* clean	【配】很干净，打扫干净，干干净净 【例】① 房间很干净，不用打扫了。 ② 她已经把教室打扫得干干净净了。
敢 gǎn *v.* dare	【例】① 晚上我敢一个人出门,你呢？ ② 我不敢开车。
感冒 gǎnmào *v.* catch a cold	【例】① 她这两天感冒了，没有去上班。 ② 我已经感冒一星期了。

刚才 gāngcái *n.* just now	【例】① 你刚才去哪儿了？有一个人来找你。 ② 刚才有人给你打电话。
跟 gēn *prep.* with	【例】① 他跟爸爸去中国了。 ② 你跟他坐一起吧。
根据 gēnjù *prep.* according to	【例】① 老师让我们根据课文写句子。 ② 跟据老师的要求，我们做（zuò; do）完了作业。
更 gèng *adv.* more	【例】① 我觉得这件衣服更好看。 ② 希望我们的明天会更好。
公园 gōngyuán *n.* park	【配】一个公园，去公园 【例】① 我和朋友星期天去公园，你和我们一起去吗？ ② 超市旁边有一个公园。

故事 gùshi *n.* story	【配】讲故事，听故事 【例】① 李老师经常给她的女儿讲故事。 ② 我听过这个故事，是小林告诉我的。
刮风 guā fēng wind blowing	【例】① 外面刮风了，你把衣服拿进来吧。 ② 今天又刮风了。
关 guān *v.* close, turn off	【配】关门，关灯，关上 【例】① 你关上门吧，太冷了。 ② 把灯关上吧，我不看书了。
关系 guānxi *n.* relation	【配】关系好 【例】① 我们是朋友关系。 ② 他们的关系非常好。

关心 guānxīn *v.* be concerned with	【配】关心家人 / 朋友 【例】① 你应该多关心关心爸爸和妈妈。 ② 他很关心我。
关于 guānyú *prep.* about, on	【例】① 关于这段历史，还有一个故事。 ② 我想买一本关于旅游的书。
国家 guójiā *n.* country	【配】一个国家 【例】① 这个国家有很多种动物。 ② 我们很爱自己的国家。
果汁 guǒzhī *n.* fruit juice	【配】一杯果汁，喝果汁 【例】① 我要买杯果汁。 ② 美真特别喜欢喝果汁。
过去 guòqù *n.* formerly	【例】① 过去，人们上班不用电脑；现在，人们上班离不开电脑。 ② 这是过去的事了，不要再难过了。

H

还是 háishì *conj.* or	【例】① 你喝什么，茶还是咖啡？ ② 今天走还是明天走，你来决定。
害怕 hàipà *v.* be afraid of	【配】害怕动物，害怕骑马 【例】① 你最害怕的是什么？ ② 我害怕骑马。
河 hé *n.* river	【配】一条河，小河 【例】① 我家前面有一条小河。 ② 这条河里有很多鱼。
黑板 hēibǎn *n.* blackboard	【配】一块黑板，在黑板上 【例】① 我们教室有两块黑板。 ② 老师把生字写在黑板上了。
护照 hùzhào *n.* passport	【例】① 我的护照找不到了。 ② 我看一下你的护照。

花 huā *n.* flower	【配】一朵花，开花 【例】① 公园里的花真漂亮啊！ ② 春天来了，花都开了。
花园 huāyuán *n.* garden	【配】花园里，一个花园 【例】① 每个周末，花园里都会有很多人。 ② 这真是一个漂亮的大花园！
画 huà *v.* draw *n.* painting	【配】画熊猫，画画，一幅（*m.*）/张画 【例】① 你画(*v.*)的是什么，熊猫吗？不像。 ② 弟弟很喜欢画画（*n.*），我们都觉得他画得很好。
坏 huài *adj.* bad *v.* be broken	【配】很坏，坏人，坏习惯 【例】① 他不是一个坏（*adj.*）人。 ② 妹妹有个坏（*adj.*）习惯，睡觉前总要吃块儿糖。 ③ 我不知道现在几点，我的手表坏（*v.*）了。

还 huán *v.* return	【配】还书，还钱，把……还给…… 【例】① 你什么时候去图书馆还书？ ② 他已经把钱还给我了。 ③ 我昨天把电脑还给他了。
环境 huánjìng *n.* environment	【配】环境好，安静的环境，保护（bǎohù; protect）环境 【例】① 最近他经常去公园看书，那儿人少，环境好。 ② 请不要大声说话，医院需要一个安静的环境。 ③ 每个人都应该保护环境。
换 huàn *v.* change, exchange	【配】换鞋，换（个）地方 【例】① 这鞋太小了，请给我换双大点儿的。 ② 今天我们换个地方吃饭吧。 ③ 这个手机用了好多年，我想换一个了。

黄
huáng
adj. yellow

【配】黄裙子

【例】① 妹妹非常喜欢黄颜色的衣服。
② 妈妈给她买了条黄裙子，她高兴极了。

会议
huìyì
n. meeting

【配】一场会议，重要的会议，参加会议

【例】① 这是一个很重要的会议，不能迟到。
② 下午的那场会议，我不能去参加了。

或者
huòzhě
conj. or

【例】① 你可以给我写信，或者打电话。
② 您叫我王华或者小王都可以。

J

几乎
jīhū
adv. almost

【例】① 这儿的菜，我几乎都吃过。
② 这儿很安静，几乎没有人说话。

机会 jīhuì *n.* chance	【配】好机会，一个机会，比赛机会 【例】① 这是一个很好的机会。 ② 不用难过，这次没有得第一名，下星期还有一次比赛机会呢。
极 jí *adv.* extremely	【配】极重要，害怕极了 【例】① 周末你和我们一起去踢足球？好极了！ ② 明天，会有一场极重要的比赛。 ③ 晚上，她害怕极了，把家里的灯都打开了。
记得 jìde *v.* remember	【例】① 我记得你,去年我们见过面。 ② 我说过这样的话？不记得了。 ③ 我还记得，这本书是你去年三月送给我的。

季节 jìjié *n.* season	【例】① 一年有四个季节：春、夏、秋、冬。 ② 我觉得，春季是一年中最好的季节。
检查 jiǎnchá *v.* check, inspect	【配】认真检查，检查作业 【例】① 问题答完了？再认真地检查一遍（*m.*）吧。 ② 他正在检查你的作业。
简单 jiǎndān *adj.* simple	【配】非常简单，简单的问题，简单的事情 【例】① 这是一个非常简单的问题，我只给你三分钟的时间回答。 ② 工作上，越简单的事情越需要认真去做。
健康 jiànkāng *adj.* healthy	【配】很健康，身体健康 【例】① 爷爷九十多岁了,还很健康。 ② 祝您身体健康！ ③ 有时间多锻炼，这会让你的身体更健康。

见面
jiànmiàn
v. meet

【配】见面时间，跟……见面
【例】① 见面时间是下午三点，别忘了。
② 明天早上七点半，我们在门口见面吧！
③ 等下班以后，我跟你就在这儿见面。

讲
jiǎng
v. speak, talk

【配】讲话，讲故事，讲课
【例】① 图书馆里,请不要大声讲话。
② 下一个节目，是张小阳同学为我们讲故事，大家欢迎！
③ 王老师正在讲课。

教
jiāo
v. teach

【配】教跳舞，教学生
【例】① 我来介绍一下，这是教我跳舞的李老师。
② 李老师教学生们画画，学生们都很喜欢他。
③ 我在学习游泳，老师教得很认真。

角 jiǎo *m.* (for money)	【配】一角，五角 【例】① 西瓜五角钱一斤。 ② 这些水果一共十元五角。
脚 jiǎo *n.* foot	【配】一只脚，一双脚，右脚 【例】① 你的左脚怎么了？ ② 今天走了好多路，脚真疼！
接 jiē *v.* meet	【配】接客人 【例】① 下午四点，我要去机场接一个客人。 ② 你准备出发（chūfā; set off）吧，我马上过去接你。
街道 jiēdào *n.* street	【配】一条街道，干净的街道，街道左边 【例】① 街道左边有个超市，我们去那里看看吧。 ② 这是一条很干净的街道，每天都有人打扫。

结婚 jiéhūn *v.* marry	【配】跟 / 和……结婚 【例】① 我们俩的结婚时间是十月一日，一定要来参加婚礼啊。 ② 你愿意和 / 跟我结婚吗？ ③ 结婚这么久了，你还不了解我吗？
结束 jiéshù *v.* finish	【配】游戏结束，结束比赛 【例】① 游戏结束了，他输（shū; lose）了。 ② 有人受伤（shòushāng; be injured）了，我们必须马上结束比赛。 ③ 节目八点半开始，十点半结束。
节目 jiémù *n.* program	【配】电视节目，一个节目，表演节目 【例】① 今晚有什么好看的电视节目？ ② 你打算表演什么节目？

节日 jiérì *n.* festival	【配】一个节日，重要的节日 【例】① 春节，是中国人最重要的一个节日。 ② 在节日里，公司会举办（jǔbàn; hold）很多活动让大家参加。
解决 jiějué *v.* solve	【配】解决问题，解决办法 【例】① 谢谢你帮我解决了这个问题。 ② 别着急，我正在想解决办法呢。
借 jiè *v.* borrow	【配】借书，借字典，借钱 【例】① 您好，我想借本书。 ② 前天，我找小张借了一百块钱。
经常 jīngcháng *adv.* often	【例】① 北京的春天经常刮风。 ② 我们经常一起去公园锻炼。 ③ 他经常迟到，经理很生气。

经过
jīngguò
v. pass, go by

【例】① 经过大家的讨论，终于作出了决定。
② 黄河从我的家乡经过。

经理
jīnglǐ
n. manager

【配】一位经理，年轻的经理
【例】① 她是我们公司最年轻的经理。
② 我来介绍一下，这一位是我们的经理。

久
jiǔ
adj. for a long time

【配】很久，不久
【例】① 让我来给你讲个故事吧："很久以前……"
② 我和他刚认识不久。
③ 没过多久，我就找到了我的钱包。

旧
jiù
adj. old, used

【配】很旧，旧冰箱
【例】① 这衣服已经很旧了，别穿了。
② 把这台旧冰箱放到其他房间去吧！
③ 虽然这是个旧帽子，但是我很喜欢它。

举行 jǔxíng *v.* hold	【配】举行比赛，举行运动会（yùndònghuì; sports meeting） 【例】① 明天，我们在这儿举行比赛。 ② 我们学校下周二举行运动会。
句子 jùzi *n.* sentence	【配】一个句子，很长的句子 【例】① 他写了一个很长的句子，我看不懂。 ② 这个句子是什么意思？
决定 juédìng *v.* decide	【例】① 这事怎么办，你决定吧。 ② 你们俩决定结婚了？太好了！

K

渴 kě *adj.* thirsty	【配】口渴 【例】① 渴了吗？快喝点儿水。 ② 走了这么久，真渴啊！

可爱 kě'ài *adj.* lovely	【配】很可爱，可爱的熊猫 【例】① 这孩子真可爱！ ② 画里有只很可爱的熊猫。
刻 kè *m.* quarter	【配】一刻 【例】① 现在三点一刻。 ② 差一刻五点。
客人 kèrén *n.* guest	【配】一位客人，重要的客人 【例】① 我要去机场接一位重要的客人。 ② 这位客人从日本来。
空调 kōngtiáo *n.* air-conditioning	【配】旧空调，一台空调，开空调 【例】① 这台旧空调已经不能用了。 ② 把空调下面的椅子搬过来吧。 ③ 今天这么冷，别开空调了。
口 kǒu *n.* mouth	【配】口渴 【例】① 我口渴了，有水吗？ ② 请张（zhāng; open）口，让我帮你检查牙齿（yáchǐ; tooth）。

哭 kū *v.* cry	【配】大哭 【例】① 姐姐的孩子还不会说话，饿了只会大哭。 ② 别哭了，哭是不能解决问题的。 ③ 昨天晚上妹妹牙疼，都疼哭了。
裤子 kùzi *n.* trousers	【配】一条裤子，旧裤子，穿裤子 【例】① 这条黑裤子已经穿了很多年了，我想去买条新的。 ② 今天冷，别穿裙子了，穿裤子吧。
筷子 kuàizi *n.* chopsticks	【配】一双筷子，用筷子 【例】① 服务员，请再给我一双筷子，谢谢！ ② 来中国以后，我学会了用筷子吃饭。

L

蓝
lán
adj. blue

【配】蓝天，蓝色

【例】① 今天天真蓝！我们一起出去玩吧。

② 这蓝色的伞不是我的，我的是把（*m.*）红伞。

老
lǎo
adj. aged, old

【配】老同学，老爷爷

【例】① 我们俩是老同学，也是老朋友。

② 老爷爷，我来帮你拿东西吧。

离开
líkāi
v. leave

【配】离开家，打算离开，满意地离开

【例】① 他是下午五点离开图书馆的。

② 来上海玩儿了这么多天，我打算离开了。

③ 问题解决了，他满意地离开了这里。

礼物
lǐwù
n. gift

【配】一件礼物，生日礼物，送礼物

【例】① 我想送她一件礼物，可是不知道送什么好。
② 谢谢你送我的生日礼物，漂亮极了！
③ 下午我和你一起去买礼物吧！

历史
lìshǐ
n. history

【配】一段历史，中国历史，历史故事

【例】① A：你在看什么？
B：历史书，书里讲了很多中国的历史故事。
② 这段历史，我们一定不能忘记。
③ 昨天的历史作业真难！你做了吗？

脸
liǎn
n. face

【配】一张脸，洗脸，脸上
【例】① 画里有十张脸，你能找到吗？
② 快过来，把脸洗干净。
③ 你在看什么？我的脸上有什么东西吗？

练习
liànxí
v. practise

【配】多练习，认真地练习，练习写字
【例】① 学游泳，一定要多练习。
② 她正在认真地练习写字呢。

辆
liàng
m. (for vehicles)

【配】一辆公共汽车
【例】① 这辆车是你的吗？
② 又来了一辆公共汽车，我们上车吧。

了解
liǎojiě
v. understand

【配】非常了解，不了解，了解问题
【例】① 我跟他在一起很久了，我对他很了解。
② 别着急，我已经了解了你说的问题了。

邻居 línjū *n.* neighbour	【配】老邻居，两个邻居 【例】① 这是老李，我们俩是老邻居了。 ② 我们刚搬到这里，邻居对我们都很热情。 ③ 这两个邻居已经很久没见面了。
楼 lóu *n.* building *m.* floor	【配】高楼，楼下，下楼 【例】① 北京有很多高楼（*n.*）。 ② 我在楼（*n.*）下等你，到了给我打电话。 ③ 我们家住在二楼（*m.*），下楼（*n.*）买东西很方便。
绿 lǜ *adj.* green	【配】绿色，绿草地 【例】① 这是她新买的一条绿裙子。 ② 春天来了，小草都绿了。 ③ 我们去那边的绿草地上坐坐吧！

M

马 mǎ *n.* horse	【配】一匹（*m.*）马，马车，白马 【例】① 你有没有坐过马车？ ② 这匹小白马真可爱！它跑得快吗？
马上 mǎshàng *adv.* at once	【例】① 老王已经下飞机了，他马上就到。 ② 快进去吧，节目马上就要开始了。 ③ 饿了吗？晚饭马上就好。
满意 mǎnyì *adj.* satisfied	【配】很满意，满意地笑 【例】① 他很聪明，工作又非常认真，经理对他很满意。 ② 听了我的回答，老师满意地笑了。

帽子
màozi
n. hat

【配】一顶（*m.*）帽子，漂亮的帽子
【例】① 这顶红色的帽子是谁的？
② 生日的时候，弟弟送了我一顶非常漂亮的帽子。
③ 小明的帽子被风刮跑了。

米
mǐ
m. meter

【例】① 往前走 300 米，你就能看到火车站。
② 我们家离学校只有 20 米。

面包
miànbāo
n. bread

【配】一个 / 片 / 块面包，吃面包，好吃的面包
【例】① 饱了？再吃一片面包吧。
② 您做的面包真好吃！

面条
miàntiáo
n. noodle

【配】一碗（*m.*）面条，吃面条
【例】① 晚上我们吃什么？还是吃面条？
② A：您想吃点什么？
B：来碗面条。

明白 míngbai *v.* know	【配】不明白 【例】① 你说了这么多，我还是不明白。 ② 我们下午一点半在公园门口见，大家明白了吗？ ③ 我说了半天，你明白我的意思了吗？

N

拿 ná *v.* take, hold	【配】拿东西，拿过来，小心地拿 【例】① 你能不能帮我拿个东西？我现在没有时间去拿。 ② 我帮你把信拿过来了。 ③ 妹妹很小心地拿着五个杯子。
奶奶 nǎinai *n.* grandmother	【例】① 很多老奶奶经常在这个公园里跳舞。 ② 我见过你奶奶的照片。 ③ 王奶奶是一个很热情的人。

南 nán *n.* south	【配】南方，往南走，从南到北 【例】① 王阿姨是南方人。 ② 往南走 200 米就有一个超市。 ③ 这个图书馆，从南到北有多少米？
难 nán *adj.* difficult, hard	【配】很难，不难 【例】① 这问题太难了，我不会回答。 ② 别担心，这个问题不难解决。 ③ 这么晚，你一个人走，我很难放心啊。
难过 nánguò *adj.* sad	【配】觉得难过，很难过，难过的事 【例】① 听完这个故事，我觉得很难过。 ② 这是一件很让人难过的事情。

年级
niánjí
n. grade

【配】五年级，几年级
【例】① 他们都是五年级的学生。
② 你姐姐今年是大学几年级？

年轻
niánqīng
adj. young

【配】年轻的老师，很年轻
【例】① 他是个很年轻的老师。
② 她的爸爸看起来很年轻。

鸟
niǎo
n. bird

【配】小鸟，一只鸟
【例】① 快看，树上有一只小鸟。
② 这是什么鸟？真可爱。

努力
nǔlì
v. make great efforts

【配】努力学习，好好努力，非常努力
【例】① 爸爸告诉我们，一定要努力学习。
② 这是一场非常重要的比赛，好好努力吧！

P

爬山
páshān
v. climb mountains

【配】一起爬山
【例】① 星期六我们一起去爬山吧！
② 刘强很喜欢运动，特别是爬山。

盘子
pánzi
n. plate

【配】三个盘子，洗盘子
【例】① 这儿还有三个盘子。
② 你看天上的月亮，真像个大盘子啊！
③ 吃完饭以后，我来洗这些盘子吧。

胖
pàng
adj. fat

【配】很胖，不胖
【例】① 弟弟很胖，所以他需要经常锻炼减肥（jiǎnféi; lose weight）。
② 几天不见，你长胖了。

啤酒
píjiǔ
n. beer

【配】一杯啤酒，喝啤酒
【例】① 服务员，给我们上两杯啤酒，谢谢！
② 你能喝啤酒吗？

葡萄
pútáo
n. grape

【配】一串（*m.*）/ 颗（*m.*）葡萄，红葡萄，葡萄酒
【例】① 葡萄多少钱一斤？
② 你喝啤酒还是葡萄酒？

普通话
pǔtōnghuà
n. mandarin

【配】学普通话，说普通话

【例】① 每天晚上七点，我和他一起在这个教室里学普通话。
② 对不起，我不会说普通话。你有时间能不能教教我？

Q

其实
qíshí
adv. actually, in fact

【例】① 其实，这个问题不难。
② 他其实没有给我打过电话。
③ 他说他很喜欢踢足球，但其实他不会踢。

其他
qítā
pron. other

【配】其他人，其他东西

【例】① 其他人呢，还有什么要说的？
② 行李箱里除了衣服，还有一些其他东西。
③ 今天的晚会，除了唱歌、跳舞，还有很多其他节目。

骑
qí
v. ride

【配】骑马，骑自行车
【例】① 你有没有骑过马？
② 我每天骑自行车上班，十多分钟就能到公司，非常方便。

奇怪
qíguài
adj. strange

【配】很奇怪，觉得奇怪，奇怪的人
【例】① 我记得把钱包放在这儿了，怎么找不到了，真奇怪。
② 她今天早上五点就起床了，我们都觉得很奇怪。
③ 他是个很奇怪的人，我们都不知道他每天在想什么。

铅笔
qiānbǐ
n. pencil

【配】一支铅笔，用铅笔
【例】① 这支铅笔不是你的吗？
② 请在这儿用铅笔写上你的名字。

清楚
qīngchu
adj. clear

【配】看（不）清楚，写（不）清楚
【例】① 黑板上写了什么？我看不清楚。
② 书上已经写得很清楚了，你看！

秋
qiū
n. autumn

【配】秋天，秋季

【例】① 秋天到了，树上的叶子（yèzi; leaf）都黄了。
② 秋季，天气开始变冷，很容易感冒。

裙子
qúnzi
n. skirt, dress

【配】一条裙子，红裙子，漂亮的裙子

【例】① 今天，姐姐穿了一条新裙子，漂亮极了！
② A：这裙子好看吗？
B：我更喜欢那条红的。

R

然后
ránhòu
conj. then, after that

【例】① 我先想想，然后再回答你，可以吗？
② 下班以后，小王先去了超市，然后去了公园。

热情 rèqíng *adj.* enthusiastic	【配】热情的服务员，对……非常热情 【例】① 她是一位非常热情的服务员。 ② 王阿姨对我们非常热情。
认为 rènwéi *v.* think	【例】① 我认为，明天的会议最好让老张去。 ② 大家都认为你不能这样做。
认真 rènzhēn *adj.* conscientious, serious	【配】认真看书，很认真，认真地想 【例】① 她正在认真地看书呢，不要说话。 ② 妹妹做事很认真。 ③ 回去之后，我要认真地想一想这个问题。
容易 róngyì *adj.* easy	【配】不容易，容易的事情 【例】① 要了解一个人不容易。 ② 我觉得，游泳是一件很容易的事情。

如果
rúguǒ
conj. if

【配】如果……就……

【例】① 如果明天下雨，我就不去打篮球了。
② 如果还有时间，我就和你一起去超市。
③ 如果有需要，我可以帮助你。

S

伞
sǎn
n. umbrella

【配】一把伞，花伞，打伞

【例】① 这把伞是你的吗？
② 外面不下雨了，不用带伞。
③ 她打着一把小花伞。

上网
shàngwǎng
v. get online

【例】① 上网时间太长对眼睛不好。
② 弟弟很喜欢上网玩游戏。
③ 你已经上了两个小时的网了，休息一会儿吧。

生气
shēngqì
v. get angry

【配】很 / 不生气，生气极了

【例】① 你放心，我一点儿都不生气。
② 小明的话让我生气极了。
③ 爷爷很生气地问："你刚才干什么去了？"

声音
shēngyīn
n. voice, sound

【配】好听的声音，发出声音

【例】① 她的声音是我听过的最好听的声音。
② 电视发出了奇怪的声音。

使
shǐ
v. make

【例】① 我们要努力使客人满意。
② 锻炼能使人健康。

世界
shìjiè
n. world

【配】世界上，全世界（quánshìjiè; the whole world）

【例】① 世界上有多少种鸟，你知道吗？
② 南极（nánjí; the South Pole）是全世界最冷的地方吗？
③ 这个世界很大，我很想到国外去看看，了解这个世界。

瘦 shòu *adj.* thin	【配】很瘦，变瘦 【例】① 你已经很瘦了，不用减肥了。 ② 妹妹很想再变瘦点儿，她觉得这样穿裙子才好看。
舒服 shūfu *adj.* comfortable	【配】很 / 真舒服，舒服极了 【例】① 运动之后洗个澡，真舒服啊！ ② A：昨晚你睡得怎么样？ B：舒服极了！
叔叔 shūshu *n.* uncle	【例】① 我的叔叔是一名警察。 ② 张叔叔的孩子今年十多岁了，上小学六年级。 ③ 叔叔不在家，他带着孩子去公园玩儿了。
树 shù *n.* tree	【配】一棵 (*m.*) 树，树下，苹果树 【例】① 这棵树已经有一百多年的历史了。 ② 这棵树下有很多花和草。 ③ 果园（guǒyuán; orchard）里有好多树，有苹果树，还有桃（táo; peach）树。

数学 shùxué *n.* mathematics	【配】数学书，数学作业，学数学 【例】① 能不能把你的数学书借我看一下？ ② 今天的数学作业我还没有做呢。 ③ 弟弟的数学学得非常好。
刷牙 shuā yá brush one's teeth	【例】① 睡觉前要刷牙，别忘了啊！ ② 十点多了，刷完牙快睡觉吧！
双 shuāng *m.* pair	【配】一双鞋，一双筷子 【例】① 这双鞋太小了，请给我换一双。 ② 来中国以后，朋友送了我一双非常漂亮的筷子。
水平 shuǐpíng *n.* standard, level	【配】水平高，提高水平 【例】① 她画画的水平很高。 ② 我一定要努力练习，提高自己的跳舞水平。

司机 sījī *n.* driver	【配】火车司机，一位司机 【例】① 叔叔是位火车司机。 ② 这是那位司机的包，里面有他的东西。
虽然 suīrán *conj.* though	【配】虽然……但（是）…… 【例】① 虽然张明成绩不好，但是他一直在努力。 ② 虽然王爷爷很老了，但是他还是每天锻炼身体。 ③ 虽然她感冒了，但她还是想和我们一起去爬山。

T

太阳 tàiyáng *n.* sun	【例】① 雨停了，太阳出来了。 ② 不要站在太阳下看书，对眼睛不好。
糖 táng *n.* suger, candy	【配】一块（*m.*）糖，吃糖 【例】① A：别吃糖了，对牙不好。 B：让我再吃一块儿吧。 ② 这西瓜真好吃，比糖还甜呢！

特别 tèbié *adv.* especially	【例】① 刘阿姨对我们特别好。 ② 妈妈生病了，我们要特别照顾她。 ③ 他很喜欢运动，特别是爬山。
疼 téng *adj.* ache, pain	【配】不疼，很 / 非常疼 【例】① 别害怕，打针（dǎzhēn; have an injection）一点儿也不疼。 ② 走了这么多路，我的腿很疼。 ③ 吃太多糖会牙疼的。
提高 tígāo *v.* raise	【配】提高成绩，努力提高 【例】① 我一定会好好学习，努力提高自己的学习成绩。 ② 不是努力了就一定能提高成绩，但是不努力就一定不能。

体育 tǐyù *n.* sports	【配】体育老师，体育成绩，体育运动 【例】① 我们体育老师长得很瘦。 ② 在老师的帮助下，我的体育成绩有了很大提高。 ③ 我最喜欢的体育运动是打篮球。
甜 tián *adj.* sweet	【配】很 / 真甜，甜不甜 【例】① 你看她，笑得真甜。 ② A：这些葡萄甜不甜？ B：不甜。
条 tiáo *m.* (for long or narrow or thin things)	【配】一条裤子，两条裙子，三条鱼 【例】① 这条裤子多少钱？ ② 姐姐买了两条裙子。 ③ 冰箱里还有一条鱼，我们晚上吃吧。

同事 tóngshì *n.* colleague	【配】老同事，我（的）同事，三个同事 【例】① 我来介绍一下，这是我（的）同事王大伟，我们俩在一起工作了好多年，是老同事了。 ② 晚上，我要去机场接三个同事。
同意 tóngyì *v.* agree	【配】不同意，非常同意 【例】① 对不起，我不同意你说的话。 ② 王经理说，他非常同意你们的想法。
头发 tóufa *n.* hair	【配】黄头发，长/短头发 【例】① 妹妹的头发很黄。 ② 我的头发太长了。 ③ 你觉得我是长头发好看，还是短头发好看？

突然 tūrán *adj.* sudden	【配】很突然 【例】① 下雨了，他突然想到妈妈没有带伞。 ② 小王生病住院（zhùyuàn; be in hospital）了，这个消息对大家来说很突然。
图书馆 túshūguǎn *n.* library	【配】去图书馆，图书馆里，在图书馆 【例】① 美真每天都去图书馆看书。 ② 图书馆里有很多书。 ③ 你找小周吗？他在图书馆借书呢。
腿 tuǐ *n.* leg	【配】两条腿，右腿，腿上 【例】① 什么动物有两条腿？ ② 看，你腿上是什么？ ③ 昨天踢球的时候，他不小心伤（shāng; hurt）了右腿，现在腿还很疼。

W

完成 wánchéng *v.* accomplish	【配】完成作业，认真（地）完成 【例】① 一个多小时了，我终于完成了作业。 ② 弟弟认真地完成了今天的作业。 ③ 我们终于完成任务（rènwù; task）了！
碗 wǎn *n.* bowl	【配】一碗米饭，大 / 小碗 【例】① 今天我很饿，吃了两碗米饭。 ② 今天我去超市买了五个小碗。
万 wàn *num.* ten thousand	【配】一万 【例】① 有一万人参加了这次运动会。 ② 这辆车要十万多块钱。

忘记 wàngjì *v.* forget	【例】① 妈妈每年都不会忘记给我买生日礼物。 ② 他又忘记写作业了。 ③ 我们不能忘记历史。
为 wèi *prep.* for	【例】① 我为妈妈准备了生日礼物。 ② 大家都为你感到高兴。 ③ 能不能请你为我们唱一支歌?
为了 wèile *prep.* for the sake of	【例】① 为了你，我一定好好工作。 ② 为了去西藏（Xīzàng; Tibet），他准备了很长时间。
位 wèi *m.* (for people)	【配】这位老师，两位客人 【例】① 这位是我的汉语老师。 ② 昨天晚上，家里来了两位客人。 ③ 您二位想要吃点什么?

文化
wénhuà
n. culture

【配】中国文化，地方文化，学习文化

【例】① 我对中国文化很感兴趣。
② 对你们这里的地方文化，我懂得不多。
③ 我们都需要好好学习自己国家的文化。

X

西
xī
n. west

【配】西方，往西走，从东到西

【例】① 太阳从东方升起 (shēngqǐ; rise)，从西方落下 (luòxià; set)。
② 往西走 400 米，就能看到图书馆了。
③ 这个花园很大，从东到西要走二十多分钟。

习惯 xíguàn *n.* habit *v.* be used to	【配】一个习惯，好 / 坏习惯，慢慢习惯 【例】① 早上起床以后喝杯水，是一个好习惯（*n.*）。 ② 他有一个习惯（*n.*），每天晚上睡觉前看一个小时的书。 ③ 来中国半年了，他已经习惯（*v.*）了这里的生活。
洗手间 xǐshǒujiān *n.* restroom	【配】一个洗手间，去洗手间 【例】① 请问，洗手间在哪儿？ ② 图书馆二楼有个洗手间。 ③ 二楼洗手间里人很多，我们去三楼吧。
洗澡 xǐzǎo *v.* bathe	【例】① 书上说，运动完后不能马上洗澡。 ② 洗完澡以后真舒服啊！

夏 xià *n.* summer	【配】夏天，夏季 【例】① 武汉的夏天真热啊！ ② 夏天到了，一定要多喝水。 ③ 夏季是一年中最热的季节。
先 xiān *adv.* first, in advance	【配】先到，先走，最先 【例】① 我比你先到北京。 ② 你先走吧，我还有些事情没做完。 ③ 她是最先到教室的。
香蕉 xiāngjiāo *n.* banana	【配】一根 (*m.*) 香蕉，吃香蕉，五斤香蕉 【例】① 香蕉是我最喜欢的水果。 ② 再吃根香蕉吧！ ③ 这种香蕉看起来很好吃。

相同
xiāngtóng
adj. same

【配】相同的习惯，爱好相同
【例】① 这两条裙子的颜色相同。
② 我和妹妹有一个相同的习惯，我们都是每天早上七点起床。
③ 我们俩爱好相同，都喜欢打篮球。

相信
xiāngxìn
v. believe in

【例】① 你相信我吗？
② 你说什么？我不相信。
③ 好吧，我相信你的话。

像
xiàng
v. be like

【配】很像，像……一样
【例】① 她妹妹和她长得很像。
② 你觉得那片云像什么？
③ 妹妹的脸红红的，像苹果一样。

小心 xiǎoxīn *v.* be careful	【配】小心地（dì）滑（huá; slippery） 【例】① 超市刚清洁（qīngjié; clean）过，小心地滑。 ② A：你第一次开车，一定要小心啊！ B：没事，放心吧。
校长 xiàozhǎng *n.* headmaster	【配】一位校长，老校长 【例】① 这位老校长已经工作三十多年了。 ② 我们的校长对我们非常好。 ③ 这不是校长的伞，他今天没有带伞呢。
鞋 xié *n.* shoe	【配】一双鞋，穿鞋 【例】① 妈妈送了我一双鞋。 ② 他穿着一双白色的鞋。

新闻 xīnwén *n.* news	【配】重要新闻，看新闻，一条新闻 【例】① 最近有什么重要的新闻啊？ ② 每天七点，我都准时打开电视看新闻。 ③ 这条新闻让我们觉得很奇怪。
新鲜 xīnxiān *adj.* new, fresh	【配】新鲜的水果，很新鲜，新鲜事 【例】① 超市里有很多新鲜水果。 ② 这是我昨天买的西瓜，还很新鲜呢。 ③ 告诉你一件新鲜事。
信 xìn *n.* letter	【配】一封（*m.*）信，写信 【例】① 昨天，我给张阿姨写了一封信。 ② 信里写了些什么？让我也看看吧。

行李箱 xínglixiāng luggage carrier	【配】一个行李箱，拿行李箱 【例】① 这个行李箱在哪儿买的？真好看！ ② 让我来帮你拿行李箱吧！ ③ 你的行李箱里装了什么啊，这么重（zhòng; heavy）！
兴趣 xìngqù *n.* interest	【配】没兴趣，感兴趣（gǎnxìngqù; be interested in） 【例】① 我对电脑游戏没兴趣。 ② 你对跳舞有兴趣吗？ ③ 画画，是我最大的兴趣。
熊猫 xióngmāo *n.* panda	【配】大熊猫，一只熊猫，可爱的熊猫 【例】① 大熊猫是中国的国宝（guóbǎo; national treasure）。 ② 北京动物园里有很多可爱的熊猫，我们一起去看看吧！

需要
xūyào
v. need, want

【配】不需要
【例】① 您需要喝点儿水吗？
② 房间还很干净，不需要打扫了。
③ 奶奶生病了，需要你好好照顾她。

选择
xuǎnzé
v. select

【例】① 这两本书都不错，我没办法选择。
② 想了这么久，你选择好了吗？

Y

眼镜
yǎnjìng
n. glasses

【配】一副（*m.*）眼镜，戴眼镜
【例】① A：我找不到我的眼镜了。
B：你不正戴着它吗？
② 桌子上有一副眼镜，是谁的啊？

要求 yāoqiú *v.* ask, demand	【例】① 妈妈要求我们每天打扫房间。 ② 经理要求我们每天八点以前到公司。
爷爷 yéye *n.* grandfather	【例】① 他爷爷很瘦，但是很健康。 ② 我见过右边那位老爷爷。 ③ 爷爷的帽子不在我房间里。
一定 yídìng *adv.* must certainly	【配】不一定 【例】① 放心吧，这件事我一定会好好做的。 ② 这次比赛他一定会参加。 ③ 这周五我不一定有时间呢。
一共 yígòng *adv.* altogether	【例】① 您好，这些书一共五十四元。 ② 请问这些水果一共多少钱？ ③ 我们班一共有三十八个人。

一会儿
yíhuìr
n. a little while

【配】过（了）一会儿，等一会儿

【例】① 过了一会儿，图书馆里来了好多人。
② 他还没来，我们先在这儿等一会儿吧。

一样
yíyàng
adj. same

【配】不一样，长得一样，几乎一样

【例】① 这本书和那本书不一样。
② 他有个哥哥，和他长得一样。
③ 你们俩的衣服几乎一样啊！

以后
yǐhòu
n. after

【配】五年以后，三个月以后

【例】① 五年以后，他成为(chéngwéi; become) 一位有名的医生。
② 三个月以后，我在上海又见到了她。

以前
yǐqián
n. before

【配】三天以前，两点以前，很久以前

【例】① 三天以前，我在北京。
② 请两点以前到公司。
③ 很久以前，有一个国王(guówáng; king)，很喜欢听故事。

以为 yǐwéi *v.* think	【例】① 我以为今天很冷呢。 ② 我还以为你今天不来上班呢。 ③ 他以为你不在办公室。
一般 yìbān *adj.* general, ordinary	【例】① 周末我们一般不上班。 ② 这儿的水果很一般，我们去别的地方看看吧。 ③ 我一般不在网上买东西。
一边 yìbiān *adv.* at the same time	【配】一边……一边…… 【例】① 不要一边吃饭一边看电视，这不是一个好习惯。 ② 哥哥一边上网，一边和我说话。
一直 yìzhí *adv.* all along	【例】① 我一直在想，要不要告诉他这件事。 ② 你终于回来了！我一直担心你呢。

音乐
yīnyuè
n. music

【配】好听的音乐，听音乐，音乐会(yīnyuèhuì; concert)

【例】① 这音乐好听极了！
② 姐姐很喜欢听音乐，但她不喜欢唱歌。
③ 这周六有一场音乐会，你去吗？

银行
yínháng
n. bank

【配】去银行，一家银行

【例】① 昨天中午我去银行了，银行里人不多。
② 请问，附近有中国银行吗？

应该
yīnggāi
v. should

【配】不应该

【例】① 我觉得，你不应该这样做。
② 快八点了，应该起床了。

影响
yǐngxiǎng
v. effect, influence

【配】对……影响不大，有影响

【例】① 这件事对我们影响不大。
② 这条新闻影响了人们的生活。

用 yòng *v.* use	【配】用筷子，不用 【例】① 我会用筷子吃饭了。 ② 今天不太热，不用开空调。
游戏 yóuxì *n.* game	【配】玩游戏，电脑游戏 【例】① 我们来一起玩个游戏吧！ ② 准备好了吗？游戏马上开始。 ③ 弟弟很喜欢玩电脑游戏。
有名 yǒumíng *adj.* well-known	【配】很有名，有名的医生 【例】① 王明是个很有名的医生。 ② 我知道他，他写了很多书，非常有名。
又 yòu *adv.* again	【例】① 今天又下雨了。 ② 他女朋友又生气了。 ③ 今天，我又在图书馆遇到了小张。

遇到 yùdào *v.* run into	【例】① 又遇到你了，这世界真小啊！ ② 昨天，他们在超市遇到了王老师。 ③ 我遇到过相同的事情。
愿意 yuànyì *v.* be willing	【配】非常愿意，愿意去 【例】① 她非常愿意去上海工作。 ② 如果有需要，我非常愿意帮忙。
月亮 yuèliang *n.* moon	【例】① 今晚的月亮真圆（yuán; round）啊！ ② 月亮像盘子一样。
越 yuè *adv.* more and more	【配】越来越……，越……越…… 【例】① 天气越来越冷了。 ② 您的孩子越来越漂亮了。 ③ 我越走越累，真想找个地方坐一会儿。

云 yún *n.* cloud	【配】一片/朵（*m.*）云，白云 【例】① 天上的白云真好看！ ② 你看那片云，像不像匹（pǐ; *m.*）马？

Z

站 zhàn *v.* stand	【例】① 别站着了，快请坐。 ② 你站在这儿等我一会儿。
长 zhǎng *v.* grow	【例】① 我长大以后想当（dāng; act as）医生。 ② 小草长得很好。
着急 zháojí *v.* worry, feel anxious	【配】非常着急，不着急 【例】① 手表不见(bújiàn; be lost)了，弟弟非常着急。 ② 别着急，现在才四点半。
照顾 zhàogù *v.* look after	【例】① 小周让我好好照顾他的弟弟。 ② 他每天都要去医院照顾爷爷。 ③ 我的病已经好了，不用你们照顾了。谢谢！

照片 zhàopiàn *n.* photograph	【配】一张照片，拍照片 【例】① 这张照片在哪儿拍的？ ② 妹妹特别喜欢给人拍照片。 ③ 照片里的那个人是你吗？
照相机 zhàoxiàngjī *n.* camera	【配】一个照相机，新照相机 【例】① 我用这个照相机拍了很多照片。 ② 爸爸很喜欢他的新照相机。
只 zhǐ *adv.* only, just	【配】只是，只能 【例】① 他只是我的同学，不是男朋友。 ② 你只能自己去医院了，他们都没有时间陪（péi; accompany）你。
中间 zhōngjiān *n.* middle	【例】① 桌子中间放着三个苹果。 ② 请把中间那件衣服拿给我看看。

终于 zhōngyú *adv.* at last	【例】① 走了这么久，终于看见火车站了。 ② 他终于明白了我的意思。 ③ 周末到了，终于可以好好休息了。
种 zhǒng *m.* kind	【例】① 我们店里有三种蛋糕，你要哪一种？ ② 花园里有很多种花。
重要 zhòngyào *adj.* important	【配】很重要，重要的事情 【例】① 这个钱包对我很重要。 ② 他告诉我一件很重要的事。 ③ 重要的东西一定要放好。
周末 zhōumò *n.* weekend	【配】这个周末，每个周末 【例】① 这个周末你有没有时间？ ② 每个周末，我都和爸爸一起去游泳。

主要 zhǔyào *adj.* main	【配】主要问题，最主要 【例】① 现在，我们的主要问题已经解决了。 ② 要提高比赛成绩，最主要的是要好好练习。
祝 zhù *v.* wish	【例】① 祝您身体健康！ ② 祝你生日快乐！ ③ 祝你找到一个好工作。
注意 zhùyì *v.* pay attention to	【配】注意一下，请注意 【例】① 这个问题，需要好好注意。 ② 注意到了吗？她今天有点儿不高兴。 ③ 大家注意一下这个问题。
字典 zìdiǎn *n.* dictionary	【配】一本字典，查字典（chá zìdiǎn; look up in a dictionary） 【例】① 这本字典是谁的？ ② 如果遇到不认识的字，可以查字典。

自己 zìjǐ *pron.* oneself	【配】我自己，自己的事情，自己去 【例】① 你自己去，没问题吧？ ② 他说，这是他自己的事情，和我们没关系。
总是 zǒngshì *adv.* always	【例】① 我总是忘了带伞。 ② 他总是开车去上班。 ③ 刘老师总是很认真。
最近 zuìjìn *n.* lately	【例】① 我最近去上海了，不在北京。 ② 最近有个很好看的电影，我们一起去看吧！
作业 zuòyè *n.* homework	【配】写 / 做作业，数学作业 【例】① 昨天的作业你写 / 做完了吗？ ② 今天我们没有数学作业。
作用 zuòyòng *n.* effect	【配】作用很大，没有作用 【例】① 字典的作用很大。 ② 这药我吃过，对我没有作用。

编写说明

“外研社·新HSK课堂系列”是一套训练学生听、说、读、写各方面技能的综合性考试教材，包括“21天征服新HSK教程”、“新HSK专项训练”、“新HSK词汇突破”以及“新汉语水平考试HSK全真模拟试题（含试卷和试题详解）”四个子系列。本册《新HSK词汇突破·4级》是“新HSK词汇突破”中的一本。“新HSK词汇突破”是一套词汇手册，共含四本：《新HSK词汇突破·1–3级》、《新HSK词汇突破·4级》、《新HSK词汇突破·5级》以及《新HSK词汇突破·6级》。本套手册由具备丰富新HSK教学经验的教师编写，内容涵盖了新HSK大纲中的1–6级词汇。

《新HSK词汇突破·4级》由新HSK4级词汇组成，每部分词汇均按音序排列，以方便考生查找。

本手册在内容和编排上充分考虑到学习者的需求。在内容上，严格按照新HSK4级大纲选取收录词汇，可以满足新HSK4级考试的备考需要。在体例设计上，为生词加注了汉语拼音、英文翻译、常用词汇搭配及例句。其中，常用词汇搭配源于新HSK真题中常出现的考点，便于考生提前熟悉考试；例句尽量不出现超纲词，但因4级要求掌握的词汇量少，句子中可能会出现少量超纲词，不过因都是生活常用词，又配了英语翻译，所以，不会增加考生的学习难度，考生还可以此扩大自己的词汇量。

本手册采用口袋书的形式，便于携带，可方便读者使用。

作为便携式的小词典，本套手册不仅适合参加新HSK的考生作考前强化训练，也适合对汉语感兴趣的读者随时查阅，有助于读者迅速掌握日常生活中经常遇到的汉语词汇。

在编写过程中，研究生褚秀丽、谈琛、覃春红、宾蓉、张妮、周冠男收集了大量资料，做了很多工作，在此表示诚挚的谢意！

由于时间仓促，本手册中的缺点和错误在所难免，恳请读者批评指正，以便我们及时修订。

外研社国际汉语研究发展中心

A

爱情 àiqíng *n.* love	【配】浪漫的爱情，爱情故事 【例】罗密欧与朱丽叶的爱情故事真让人感动。
安排 ānpái *v.* arrange	【配】安排工作，重新安排 【例】① 现在我来安排一下这个星期的工作。 ② 大家的房间都安排好了。
安全 ānquán *adj.* safe, secure	【配】很安全，注意安全 【例】① 请大家注意自己的财产安全。 ② 你呆在这里很安全，别担心。 【反】危险
按时 ànshí *adv.* on time	【配】按时上课 【例】这次的作业下周一交，请大家按时完成。
按照 ànzhào *prep.* according to	【配】按照要求 【例】① 按照规定，这里是不能停车的。 ② 按照我们的约定，今天轮到你打扫卫生了。

暗 àn *adj.* dark	【配】很暗 【例】① 傍晚天暗了下来。 ② 屋子里没开灯，很暗。 【扩】黑暗（hēi'àn, dark）

B

包括 bāokuò *v.* include	【配】包括……在内 【例】① 包括我在内，教室总共有10个人。 ② 语文教学应该包括听、说、读、写四项。 【同】包含
保护 bǎohù *v.* protect	【配】保护环境 【例】小动物是我们的朋友，我们要保护它们。 【同】爱护 【反】破坏（pòhuài, destroy）
保证 bǎozhèng *v.* guarantee	【配】向你保证，保证完成 【例】① 我们保证按时完成任务。 ② 我保证准时到公司。

报道 bàodào *v./n.* to report; news report	【配】报道消息，现场报道 【例】① 电视台报道了日本地震的消息。 ② 下面请看记者为我们发回的现场报道。
报名 bàomíng *v.* sign up	【配】报名参加，电话报名 【例】① 我报名参加了这次运动会。 ② 大家可以在网上报名参加本次活动。
抱 bào *v.* hold in arms, hug	【配】抱紧 【例】① 张大姐抱着她儿子来了。 ② 他们俩紧紧地抱在一起。
抱歉 bàoqiàn *v.* be sorry	【配】十分抱歉 【例】① 真抱歉，我来晚了。 ② 他对自己的迟到感到很抱歉。
倍 bèi *m.* fold	【配】倍数，翻倍 【例】① 10 是 5 的倍数。 ② 今年白菜的价格比去年翻了两倍。

本来 běnlái *adv./adj.* at first; original	【配】本来不想，本来的颜色 【例】① 本来我们要出去的，可突然下雨了，就没出去。 ② 我还是喜欢你本来的样子。
笨 bèn *adj.* stupid, dull, foolish	【配】很笨，笨手笨脚 【例】① 他很笨，什么也不会干。 ② 他做事总是笨手笨脚的。 【反】聪明（cōngming, smart） 【扩】笨蛋（bèndàn, idiot）
笔记本 bǐjìběn *n.* notebook	【配】一个笔记本，漂亮的笔记本 【例】我刚刚买了几个笔记本。 【扩】笔记本电脑（laptop computer）
毕业 bìyè *v.* graduate	【配】快毕业了 【例】① 我们6月份就要毕业了。 ② 毕业之后，我就再也没见过她了。
遍 biàn *m.* time	【配】三遍，一遍遍 【例】① 这本书我读了三遍。 ② 她很喜欢这部电影，看了一遍又一遍。

标准 biāozhǔn *adj.* standard	【配】标准动作，很标准 【例】① 你的中文发音很标准。 ② 这道题的标准答案是 B。
表达 biǎodá *v.* express	【配】表达意见，充分表达 【例】① 张琳帮助了我，我向她表达了我的感激之情。 ② 我们要提高学生的口头表达能力。
表格 biǎogé *n.* table	【配】一份表格，填写表格 【例】请在表格中填写你们的姓名、年龄等信息。
表扬 biǎoyáng *v.* praise	【配】受到表扬，表扬某人 【例】① 小明听课很认真，受到了老师的表扬。 ② 小丽帮妈妈干活，妈妈表扬了她。 【同】赞扬（zànyáng） 【反】批评（pīpíng, criticize）

饼干 bǐnggān *n.* biscuit, cracker	【配】一块饼干，吃饼干 【例】① 这种巧克力饼干很好吃。 ② 她又吃了一块饼干。
并且 bìngqiě *conj.* and, besides	【例】① 他按时完成了任务，并且完成得非常好。 ② 她不仅学会了做饭，并且还学会了洗衣服。
博士 bóshì *n.* doctor (PhD)	【配】博士学位，文学博士 【例】① 她在北京大学读博士。 ② 他已经获得了博士学位。 【扩】学士（xuéshì, bachelor），硕士（shuòshì, master）
不但 búdàn *conj.* not only/ merely... (but also...)	【配】不但……而且……，不但……也…… 【例】① 丽莎不但会说汉语，而且能写一手漂亮的汉字。 ② 芳芳不但喜欢看书，也喜欢唱歌。 【同】不仅

不过 búguò *conj./adv.* but, however; only	【例】① 他口语很好，不过写作不太好。 ② 她不过才 5 岁，就会帮妈妈干活了。
不得不 bùdébù have to	【例】① 图书馆要关门了，我们不得不离开了。 ② 我不得不说，你这首歌唱得太好了。
不管 bùguǎn *conj.* no matter (what, who, when, where, how), despite	【配】不管……都……，不管……也…… 【例】① 不管你来自哪个国家，你都可以学好汉语。 ② 不管天气怎么样，我明天也要去看你。

不仅
bùjǐn
conj. not only... (but also...)

【配】不仅……也……，不仅……而且……

【例】① 这个节目不仅我喜欢看，爸爸也喜欢看。

② 他不仅没有生气，而且还很高兴。

部分
bùfen
n. part, section

【配】大部分，一部分

【例】① 大部分同学都去过天安门了。

② 这篇文章由五个部分组成。

【扩】整体（zhěngtǐ, entirety）

C

擦
cā
v. wipe clean, rub, spread on

【配】擦玻璃，擦伤

【例】① 我们把玻璃擦得很干净。

② 小李摔伤了，医生给他擦了红药水。

【扩】摩擦 (mócā, rub)

猜
cāi
v. guess

【配】猜谜语，猜出

【例】① 我总是能猜到她在想什么。

② 大家猜一猜，这个盒子里面是什么？

材料 cáiliào *n.* material	【配】一种材料，整理材料 【例】① 他打算写小说，现在在整理材料。 ② 建房子需要的材料有水泥、木材等。
参观 cānguān *v.* visit	【配】参观学习 【例】① 欢迎大家来我们学校参观。 ② 今天我们参观了清华大学。
差不多 chàbuduō *adv.* almost, nearly, just about	【配】差不多一样 【例】① 我跟你差不多大。 ② 半个小时就差不多可以完成这项工作了。
长城 Chángchéng *n.* the Great Wall	【配】万里长城 【例】① 我们明天去登长城。 ② 万里长城非常雄伟(xióngwěi, imposing)。

长江 Chángjiāng *n.* the Yangtze River	【配】奔腾的长江 【例】① 长江是中国最长的河。 ② 长江全长 6397 千米。
尝 cháng *v.* taste	【配】品尝，尝一尝 【例】① 我哪天能尝一尝你做的菜呀？ ② 这个蛋糕我只尝了一口。 【扩】尝试（chángshì, try）
场 chǎng *m.* (used for sports, and recreation)	【配】一场球赛 【例】① 我们刚看了一场电影。 ② 今天这场比赛很精彩。
超过 chāoguò *v.* overtake, surpass	【配】远远超过，超过你 【例】① 他从左边超过了前面那辆车。 ② 报名的人已经超过两百了。

吵 chǎo *v./adj.* quarrel; noisy	【配】吵起来，很吵 【例】① 他们俩因为一点小事就吵了起来。 ② 电视太吵了，把声音关小点。 【反】安静 【扩】吵架（chǎojià, quarrel）
成功 chénggōng *v.* succeed	【配】成功人士 【例】① 经过一年的努力，她终于成功了。 ② 他成功地完成了任务。 【反】失败
成熟 chéngshú *v.* ripen, mature	【配】果实成熟，成熟男人 【例】① 8 月份，苹果都成熟了。 ② 请你成熟点，不要这么幼稚。 【反】幼稚（yòuzhì, naive）
成为 chéngwéi *v.* become	【配】成为英雄 【例】① 他终于成为了一位舞蹈家。 ② 这里成为了我们的新家。

诚实 chéngshí *adj.* honest	【配】很诚实 【例】① 这孩子很诚实。 ② 诚实是一种美德。
乘坐 chéngzuò *v.* take, ride	【配】乘坐飞机 【例】① 欢迎您乘坐地铁一号线。 ② 在北京乘坐公交车很方便。
吃惊 chījīng *v.* be surprised	【配】感到吃惊 【例】① 你的汉语进步这么快，真让我吃惊。 ② 他对我的到来感到很吃惊。
重新 chóngxīn *adv.* again, anew, afresh	【配】重新开始 【例】① 这个字没写好，我重新写一遍。 ② 我们把这些材料重新整理一下吧。
抽烟 chōuyān *v.* smoke	【配】喜欢抽烟，不抽烟 【例】① 请不要在这个房间里抽烟。 ② 抽烟有害健康。

出差 chūchāi *v.* go away on a business trip	【配】去上海出差 【例】① 小李明天去杭州出差。 ② 小张这次要出差一个月。
出发 chūfā *v.* start off, set out, leave	【配】马上出发 【例】① 你什么时候出发去美国？ ② 我们马上就要出发了。
出生 chūshēng *v.* be born	【配】在北京出生，出生于 【例】① 1996 年小明出生于北京协和医院。 ② 这里就是我出生的地方。
传真 chuánzhēn *n.* fax	【配】发传真 【例】① 请你把资料用传真发过来。 ② 你收到我发给你的传真了吗？
窗户 chuānghu *n.* window	【配】一扇窗户，打开窗户 【例】① 起风了，把窗户关上吧。 ② 我们把窗户擦干净了。

词典
cídiǎn
n. dictionary

【配】一本词典，汉语词典
【例】① 这本英汉词典很好用，简单易懂。
② 词典上查不到这个词。

从来
cónglái
adv. always, all along

【配】从来没有，从来不
【例】① 我从来没见过这么漂亮的花。
② 我从来不穿裙子。

粗心
cūxīn
adj. careless, thoughtless

【配】很粗心，粗心的人
【例】① 请大家认真做题，不要粗心。
② 他太粗心了，又忘带钥匙了。
【同】大意

D

答案
dá'àn
n. answer, key

【配】标准答案，正确答案
【例】① 这道题的正确答案是“B”。
② 这就是我想要的答案。

打扮 dǎban *v.* trick up, dress up, make up	【配】好好打扮 【例】① 今天她打扮得很漂亮。 ② 你好好打扮打扮，还是挺漂亮的嘛。
打扰 dǎrǎo *v.* disturb	【配】打扰一下 【例】上课的时候，请不要来打扰我们。
打印 dǎyìn *v.* print	【配】打印相片 【例】① 请把这份材料打印出来。 ② 这个表格我打印了 20 份。
打折 dǎzhé *v.* sell at a discount, give a discount	【配】打折商品，打五折 【例】① 这款手机现在打八折。 ② 这件衣服能不能打折？
打针 dǎzhēn *v.* give or get an injection	【配】打一针 【例】① 小孩子都很怕打针。 ② 你这个病,打两针就会好了。

大概 dàgài *adv.* briefly, probably presumably	【例】① 她今天大概不会来了。 ② 你大概 5 点的时候去吧。
大使馆 dàshǐguǎn *n.* embassy	【配】美国大使馆 【例】英国大使馆就在那边。
大约 dàyuē *adv.* approximately, about, probably	【配】大约 10 点钟，大约 10 个人 【例】① 他养了大约 500 只鸡。 ② 我大约 5 月份回国。
大夫 dàifu *n.* doctor	【配】一位大夫，主治大夫 【例】① 别着急，大夫马上就来了。 ② 这位大夫的医术非常好。 【同】医生

代表 dàibiǎo *n./v.* representative; represent	【配】学生代表，代表学校 【例】① 我们派出了五名代表参加这次会议。 ② 我代表学校欢迎你。
代替 dàitì *v.* substitute for, replace	【配】我代替你 【例】① 他出差了，你代替他去吧。 ② 保健品不能代替药品。 【同】替代
戴 dài *v.* wear, put on	【配】戴帽子，戴手套 【例】① 外面冷，把围巾戴上吧。 ② 你今天戴的这顶（dǐng, used of sth. that has a top）帽子真好看。
当 dāng *v./prep.* work as; when, while, at a certain time or place	【配】当班长，当着大家，当……的时候 【例】① 他当上了市长。 ② 你当着大家的面，把事情说清楚。 ③ 每当我看到这棵树，总是会想起奶奶。

当地 dāngdì *n.* locality, place mentioned	【配】当地人，当地的风俗 【例】① 当地的老百姓都喜欢吃这种菜。 ② 在当地，这种花随处可见。
当时 dāngshí *n.* at that time, then	【例】① 当时，大家还不认识他。 ② 当时，电脑还不普及。
刀 dāo *n.* knife	【配】一把刀 【例】① 这把刀很锋利。 ② 你用那把刀切菜吧。 【扩】水果刀（fruit knife）
导游 dǎoyóu *n.* tour guide	【配】一位导游，当导游 【例】① 这个导游说话很有趣，逗得大家哈哈笑。 ② 到了杭州，我们得找个导游。

到处 dàochù *n.* all places, every place	【配】到处都是 【例】① 假期的时候，公园里到处都是游人。 ② 春天，到处开着美丽的花儿。
到底 dàodǐ *adv.* on earth (used in a question for emphasis), at last	【配】到底为什么，到底去不去 【例】① 你到底想说什么？ ② 到底还是你厉害，这么难的题一下就做出来了。
道歉 dàoqiàn *v.* apologize	【配】向你道歉，诚恳地道歉 【例】① 这件事是我不对，要向你道歉。 ② 做错了事要勇于道歉。
得意 déyì *adj.* be proud of oneself, be complacent	【配】很得意，得意之作 【例】① 这幅画是他的得意之作。 ② 别得意得太早，你还不一定能赢呢。

得 děi *v.* have to, must	【配】得走了 【例】① 天快黑了，我们得回家了。 ② 这次机会难得（dé），你得（děi）好好表现。
等（动） děng *v.* wait for	【配】等人，等了很久 【例】① 别着急，我等你。 ② 我们等了十分钟，她还没来。
等（助） děng *aux.* and so on, etc.	【配】A、B、C 等 【例】① 今天的菜有黄瓜、鸡蛋、牛肉等。 ② 张小松、高欣欣、刘明等人参加了今天的会议。
底 dǐ *n.* bottom, end of a year or month	【配】没底，年底 【例】① 这件事，我心里没底。 ② 月底我要去一趟上海。

地球 dìqiú *n.* earth	【配】在地球上 【例】① 我们只有一个地球，所以应该好好保护它。 ② 地球是我们的家园。
地址 dìzhǐ *n.* address	【配】详细地址 【例】① 请把你的地址告诉我，我好寄东西给你。 ② 你按这个地址去找她吧。
调查 diàochá *v.* investigate, survey	【配】仔细调查，调查报告 【例】① 调查发现65%的大学生喜欢在网上购物。 ② 警察正在仔细调查这个案件。
掉 diào *v.* fall, lose, get rid of	【配】从……掉下来，扔掉 【例】① 她不小心从车上掉了下来。 ② 他下午掉了20块钱。 ③ 小明改掉了迟到的坏习惯。

丢 diū *v.* lose, throw	【配】弄丢，丢面子 【例】① 小心，别把手机弄丢了。 ② 不要乱丢果皮。 【同】扔
动作 dòngzuò *n.* action	【配】一个动作，动作灵活，动作电影 【例】① 这一节体操由五个动作组成。 ② 大家都爱看成龙的动作电影。
堵车 dǔchē *v.* be traffic-jammed	【配】又堵车了 【例】① 路上堵车，我得晚点儿才能到。 ② 最近这里在修路，老是堵车。
肚子 dùzi *n.* belly	【配】拉肚子，肚子疼 【例】① 小李吃了不卫生的东西，肚子疼。 ② 他一天没吃饭，肚子饿得咕咕叫。

断 duàn *v.* break, cut off	【配】折断，断电 【例】① 这棵树被砍断了。 ② 学生宿舍每天晚上 11 点断电。
对（介） duì *prep.* towards, concerning, to	【配】对我，对这件事 【例】① 小林对小天很好。 ② 她对这场比赛一点儿也不关心。
对（形） duì *adj.* right, correct	【配】对错 【例】① 你说得对。 ② 对，我就是王心。 【反】错
对话 duìhuà *n.* dialogue	【配】一段对话，精彩的对话 【例】① 现在大家分组练习一下这段对话。 ② 这个故事里的对话很精彩。

对面 duìmiàn *n.* opposite, front	【配】住在对面，对面的房子 【例】① 她家就住我家对面。 ② 对面走来一个人。
顿 dùn *m.* time	【配】一顿饭，一顿打 【例】① 他一天要吃四顿饭。 ② 小明被爸爸骂了一顿。
朵 duǒ *m.* (of flower, cloud, etc.)	【配】一朵花，一朵云 【例】① 这朵花真漂亮。 ② 天空中飘着一朵朵白云。

E

儿童 értóng *n.* children	【配】少年儿童 【例】① 请把这些药放在远离儿童的地方。 ② 乘车时，1.2 米以下的儿童可买半价票。 【扩】儿童节（Children's Day）

而 ér *conj.* and, but	【例】① 这里的人们热情而友好。 ② 你明明能帮他，而你却没有这么做。

F

发 fā *v.* deliver, occur	【配】发试卷，发大水 【例】① 过节了，公司给每个人发了两百块钱。 ② 最近天气变化很大，所以她又发病了。
发生 fāshēng *v.* happen, take place	【配】发生地震，没有发生 【例】① 昨天那栋楼发生了火灾。 ② 今天没有发生什么特别的事。
发展 fāzhǎn *v.* develop, expand, grow	【配】发展经济，迅速发展 【例】① 我们要大力发展农业。 ② 这座城市最近几年发展得很快。

法律 fǎlǜ *n.* law	【配】一条法律，相关法律，法律条文 【例】法律面前，人人平等。
翻译 fānyì *v./n.* translate, interpret; translator, interpreter	【配】翻译成……，一位翻译 【例】① 请帮我把这段话翻译成英文。 ② 这位是我们今天的翻译。
烦恼 fánnǎo *adj.* annoyed, worried	【配】一些烦恼 【例】① 这件事情让我很烦恼。 ② 你这是自寻烦恼。
反对 fǎnduì *v.* oppose, act against, object	【配】反对意见，遭到反对 【例】① 我一开始就反对他们这么做。 ② 这个想法遭到了大家的一致反对。 【反】赞成（zànchéng, approve of）

反映 fǎnyìng *v.* reflect, make known	【配】反映生活，反映情况 【例】① 这部电影反映了 20 世纪 60 年代人们的生活状况(zhuàngkuàng, condition)。 ② 我们会把这个情况向校长反映一下。
范围 fànwéi *n.* scope, range, domain	【配】活动范围，范围很大 【例】① 这家快递公司的送货范围是北京市五环以内。 ② 明天全国有大范围降雨。
方法 fāngfǎ *n.* method	【配】学习方法，简单的方法 【例】① 学习要讲究方法。 ② 运动是最好的减肥方法。
方面 fāngmiàn *n.* aspect	【配】一方面……，另一方面…… 【例】① 要想学好汉语，我们一方面要多听，另一方面还应该多说。 ② 在历史学方面，他是专家。

方向 fāngxiàng *n.* direction	【配】正确的方向 【例】① 莉莉在山里迷失了方向。 ② 我家和你家在同一个方向，我们一起走吧。
访问 fǎngwèn *v.* visit	【配】访问美国，进行访问 【例】① 国家主席对日本进行了友好访问。 ② 已经有一千多人访问了他的博客。
放弃 fàngqì *v.* give up, abandon	【配】不要放弃，放弃希望 【例】① 你不要放弃这个好机会。 ② 我不能放弃努力。
放暑假 fàng shǔjià have a summer vacation	【例】① 我们7月3号开始放暑假。 ② 这次放暑假我打算去旅行。

……分之…… fēnzhī (used to express one or several parts of a unit)	【配】二分之一,四分之三 【例】① 这本书上五分之四的单词我都学会了。 ② 班上有三分之一的人不想去。
份 fèn *m.* part, portion	【配】每份,一份报纸 【例】① 您好,我要一份套餐。 ② 他毕业之后,找到了一份好工作。
丰富 fēngfù *adj.* rich, abundant	【配】丰富的经验,很丰富 【例】① 他有丰富的电脑知识。 ② 我们的课余生活丰富多彩。 【反】贫乏(pínfá, wretchedly lacking)
风景 fēngjǐng *n.* view	【配】美丽的风景 【例】① 看到眼前的风景,我惊呆了。 ② 张家界的风景实在是太美了。

否则 fǒuzé *conj.* otherwise	【例】① 两点之前必须到，否则不能参加考试。 ② 你一定要多开口说，否则是学不好汉语的。
符合 fúhé *v.* accord with, conform to	【配】符合要求，完全符合 【例】① 这篇文章是符合事实的。 ② 这首歌很符合我现在的心情。
父亲 fùqīn *n.* father	【配】我的父亲 【例】① 我的父亲是一位老师。 ② 小明的父亲来看他了。 【扩】母亲
负责 fùzé *adj./v.* responsible; take charge	【配】很负责，负责扫地 【例】① 他对工作很负责。 ② 你负责查资料，我负责完成报告。

复印
fùyìn
v. copy

【配】复印资料，复印一份
【例】① 请帮我把这本书复印一下。
② 这个表格,我复印了100份。
【扩】复印机（copy machine）

复杂
fùzá
adj. complicated, complex

【配】很复杂，复杂的关系
【例】① 这个问题很复杂，不是几句话能说清楚的。
② 听了这个故事，我的心情很复杂。
【反】简单

富
fù
adj. rich, wealthy

【配】富裕
【例】这条路修好之后，当地的人们富了起来。

G

改变
gǎibiàn
v. change

【配】做出改变，很难改变，改变想法
【例】① 他做出的决定没人能改变。
② 我想改变一下发型。

干 gān *adj.* dry	【配】很干 【例】① 衣服干了。 ② 北京的天太干了。 【反】湿
干杯 gānbēi *v.* cheers, drink a toast	【配】干一杯，为……干杯 【例】为了我们的友谊，干杯吧！
干燥 gānzào *adj.* dry	【配】十分干燥，皮肤干燥 【例】① 秋天我的皮肤总是很干燥。 ② 这里干燥的气候真让我受不了。 【反】湿润
感动 gǎndòng *v.* move, touch, be moved	【配】很感动，受感动 【例】① 他的事迹感动了大家。 ② 这个电影让我深受感动。

感觉 gǎnjué *v./n.* feel; feeling	【配】感觉很好，想家的感觉 【例】① 我感觉不到你的变化。 ② 听了这个故事，我有一种心痛的感觉。
感情 gǎnqíng *n.* emotion	【配】感情丰富，有感情 【例】① 他是个感情丰富的人。 ② 他对这棵树有着特殊的感情。
感谢 gǎnxiè *v.* thank	【配】感谢你，表示感谢 【例】① 感谢你这几天对我的照顾。 ② 对于你的帮助，我们全家表示衷心的感谢。
干 gàn *v.* do	【配】干活，干什么 【例】① 他想干一件大事。 ② 你在干什么？
刚刚 gānggāng *adv.* just now, just, exactly	【配】刚刚好，刚刚开始 【例】① 他刚刚走，你应该能追上。 ② 你穿这件衣服刚刚好，不大不小。

高级 gāojí *adj.* advanced, high-grade, senior	【配】高级课程，高级班 【例】① 这是一辆高级轿车。 ② 这本高级口语教材是小张的。
个子 gèzi *n.* height, size	【配】高个子，个子小 【例】① 他个子不高，但力气很大。 ② 那个大个子男生是玛丽的男朋友。
各 gè *pron.* every	【配】各年级，各人 【例】① 请各班班长过来一下。 ② 各地有各地的风俗。
工具 gōngjù *n.* tool	【配】交通工具 【例】① 语言是最重要的交际工具。 ② 汽车是一种交通工具。
工资 gōngzī *n.* salary, wage	【配】领工资，工资单 【例】① 我们公司每月5号发工资。 ② 老板说下个月给我涨工资。 【同】薪水（xīnshui）

公里 gōnglǐ *m.* kilometre	【配】1 公里 【例】① 从北京到天津有100多公里。 ② 我们今天走了 30 公里路。
共同 gòngtóng *adj.* common, mutual	【配】共同目标，共同完成 【例】① 打篮球是我们的共同爱好。 ② 小张和小李共同完成了这项任务。
购物 gòuwù *v.* go shopping	【配】去超市购物 【例】① 现在大家都喜欢网上购物。 ② 今天我和姐姐一起去购物了。
够 gòu *v.* suffice, be enough	【配】不够 【例】① 我吃一碗饭就够了。 ② 钱够不够花？
估计 gūjì *v.* estimate, appraise	【配】据估计 【例】① 下雨了，估计他不会来了。 ② 这间房子装修估计要 10 万块钱。

孤单 gūdān *adj.* alone	【配】很孤单，孤单的人 【例】① 他一个人生活很孤单。 ② 我最害怕孤单。
鼓励 gǔlì *v.* encourage	【配】鼓励他，受到鼓励 【例】① 他鼓励我参加唱歌比赛。 ② 老师的表扬给了他很大的鼓励。
鼓掌 gǔzhǎng *v.* applaud	【配】鼓掌欢迎，热烈鼓掌 【例】① 他演讲完，大家都热烈鼓掌。 ② 大家鼓掌对新同学表示欢迎。
故意 gùyì *adv.* intentionally, purposely	【配】故意的 【例】① 对不起，我不是故意迟到的。 ② 他故意装作没听见我说话。 【同】成心（chéngxīn）

顾客 gùkè *n.* customer	【配】顾客至上，一位顾客 【例】① 您是我们店的老顾客了，给您打个八折。 ② 那家饭店的菜味道很好，顾客很多。
挂 guà *v.* hang, hang up	【配】挂起来，挂衣服，挂电话 【例】① 墙上挂着一幅画。 ② 您别挂电话，我去叫他。
关键 guānjiàn *n./adj.* key; crucial	【配】关键人物，很关键 【例】① 找到正确的方法是解决问题的关键。 ② 现在是这场比赛的关键时刻。
观众 guānzhòng *n.* audience, viewer	【配】一群观众，一位观众 【例】① 这部电视剧受到观众的一致好评。 ② 观众对他的表演报以热烈的掌声。

管理 guǎnlǐ *v.* manage, look after	【配】管理班级，有效地管理 【例】① 校长要管理整个学校。 ② 李老师负责管理孩子们的日常生活。
光 guāng *adv./n./v.* only; light; be bare	【配】光吃菜，一束光，光膀子 【例】① 你不要光喝酒，不吃菜。 ② 黑暗中，远处射来一束光。 ③ 他光着脚站在地上。
广播 guǎngbō *n./v.* broadcast	【配】听广播，广播电台 【例】① 欢迎收听中央人民广播电台的节目。 ② 这个通知在中午广播。
广告 guǎnggào *n.* advertisement	【配】做广告，广告公司 【例】① 这个手机广告做得真好。 ② 这家公司上个月花了100万做广告。
逛 guàng *v.* stroll, ramble, roam	【配】闲逛，逛街 【例】① 别在这儿闲逛了，快回家。 ② 咱们明天逛街去吧。

规定 guīdìng *v./n.* prescribe; rule	【配】规定标准，相关规定 【例】① 老师规定每个学生暑假要读五本书。 ② 请遵守相关规定。
国际 guójì *adj.* international	【配】国际关系，国际会议 【例】① 近几年，中国的国际地位不断提高。 ② 我们派小宁去参加这次国际比赛。
果然 guǒrán *adv.* really, as expected	【配】果然如此 【例】① 他说今天下雨，果然是这样。 ② 你果然在这里。
过（动） guò *v.* go through, pass, cross	【配】过河，过不去，过日子 【例】① 从这里去他家，要过三座桥。 ② 今天过节，咱们吃点儿好的。

过（助） guo aux. (used after a verb to indicate the completion of an action)	【配】去过，吃过 【例】① 他两年前来过这里。 ② 我也想过辞职。
过程 guòchéng *n.* process, course	【配】这个过程，必经的过程 【例】① 学习汉语的过程充满乐趣。 ② 通过参观，我们了解了汽车的生产过程。

H

海洋 hǎiyáng *n.* seas and oceans	【配】海洋公园 【例】① 海洋占地球面积的 71%。 ② 你知道海洋是怎么形成的吗？
害羞 hàixiū *v.* be shy	【配】很害羞，害羞的女孩 【例】① 他小时候很害羞。 ② 别害羞嘛，给大家唱首歌。

寒假 hánjià *n.* winter vacation	【配】放寒假 【例】① 大家都希望快点放寒假。 ② 这次寒假，我要去海南玩儿。
汗 hàn *n.* sweat	【配】流汗，一身汗 【例】① 他满头大汗地跑了过来。 ② 他打完篮球，衣服都被汗湿透了。
航班 hángbān *n.* flight	【配】一次航班，CZ3507 次航班 【例】① 由于下大雪，约 200 次航班被取消。 ② 乘客您好，欢迎乘坐中国国际航空公司的航班。
好处 hǎochu *n.* benefit, advantage	【配】有好处，好处很多 【例】① 多看中文报纸，对学习汉语是很有好处的。 ② 喝茶对身体有很多好处。 【反】坏处（huàichu, harm, disadvantage）

好像 hǎoxiàng *v./adv.* be like, seem; seem like	【配】好像是的，A 好像 B 【例】① 他的脸好像一个红苹果。 ② 天黑黑的，好像要下雨了。
号码 hàomǎ *n.* number	【配】电话号码 【例】① 你的房间号码是 303。 ② 能告诉我你的手机号码吗？
合格 hégé *adj.* qualified, up to standard	【配】合格产品，很合格 【例】① 这个产品质量完全合格。 ② 小明体检合格了。
合适 héshì *adj.* suitable, appropriate	【配】不合适 【例】① 这件衣服你穿正合适。 ② 这个词用在这里不合适。
盒子 hézi *n.* box	【配】一个盒子，大盒子 【例】① 这个盒子真漂亮。 ② 你可以用这个铁盒子装你的东西。

猴子 hóuzi *n.* monkey	【配】一只猴子，一群猴子 【例】① 我们在山上看到一群猴子。 ② 猴子很机灵。
后悔 hòuhuǐ *v.* regret, repent	【配】很后悔，后悔没有去 【例】① 演唱会很精彩，他后悔没去。 ② 他有点儿后悔来了这里。
后来 hòulái *n.* later, afterwards	【例】① 他 1 月份来过一次，后来再也没来过了。 ② 他 12 点吃了饭，后来就上课去了。
厚 hòu *adj.* thick	【配】很厚，薄厚 【例】① 这本书真厚。 ② 天变冷了，我换上了厚衣服。 【反】薄（bó, flimsy）
忽然 hūrán *adv.* suddenly	【例】① 我们正在上课，忽然闯进来一个人。 ② 他刚出门，忽然想起没带钥匙，又回去了。

互相 hùxiāng *adv.* mutually, each other	【配】互相关心 【例】① 同学之间应该互相帮助。 ② 大家互相认识一下。 【同】相互
护士 hùshi *n.* nurse	【配】一位护士，护士小姐 【例】① 今天帮我打针的护士态度很好。 ② 这家医院的护士都穿粉色的衣服。
花（动） huā *v.* spend (money, time, etc.)	【配】花时间，花钱 【例】① 我从学校去天安门花了 1 个小时。 ② 他花了很多钱去各地旅游。
怀疑 huáiyí *v.* doubt, suspect	【配】很怀疑，怀疑他 【例】① 他的话让人怀疑。 ② 我怀疑他今天不回来了。

回忆 huíyì *v./n.* recall; memory	【配】回忆过去，童年的回忆 【例】① 他最近经常回忆起过去的事。 ② 这碗汤勾起了她童年的回忆。
活动 huódòng *n./v.* activity; exercise	【配】参加活动，活动身体 【例】① 他在学校参加了很多活动。 ② 我们出去活动活动吧。
活泼 huópo *adj.* vivacious, lively, vivid	【配】很活泼，活泼的孩子 【例】① 这个女孩很活泼。 ② 这段文字生动活泼。
火 huǒ *n.* fire	【配】一把火，起火 【例】① 下午一座大楼起火了。 ② 大火已经被扑灭了。
获得 huòdé *v.* gain, obtain, acquire	【配】获得帮助，没有获得 【例】① 她获得了奥斯卡最佳女主角奖。 ② 他们的实验获得了成功。 【反】失去（shīqù, lose）

J

积极 jījí *adj*. positive, active	【配】积极参加，态度积极 【例】① 请大家积极参与这次活动。 ② 我们应该积极地面对生活。
积累 jīlěi *v*. gather, accumulate	【配】积累经验，不断积累 【例】① 工作三年他积累了不少经验。 ② 语言的学习要靠积累。 【反】消耗（consume）
基础 jīchǔ *n*. foundation, base	【配】牢固的基础，打基础 【例】① 他来中国之前有一点儿汉语基础。 ② 基础打好了，后面学起来就容易了。
激动 jīdòng *v*. excite	【配】很激动，激动得哭了 【例】① 看到十年没见的老朋友，她激动得哭了。 ② 你别太激动了，要注意身体。

及时 jíshí *adj./adv.* timely; in time	【配】及时赶到，非常及时 【例】① 你来得太及时了，我们正好需要帮手。 ② 生病了要及时去看医生。
极其 jíqí *adv.* extremely	【配】极其优秀 【例】① 这次考试没考好，他极其伤心。 ② 这部电影极其感人。
即使 jíshǐ *conj.* even, even though	【配】即使……也…… 【例】① 即使我跟他强调（qiángdiào, emphasize）很多遍了，可他还是没记住。 ② 即使这次没有成功，我也不会放弃。
集合 jíhé *v.* assemble, gather	【配】集合起来 【例】① 今天下午 5 点，大家在校门口集合。 ② 这部电影集合了很多大牌明星。

计划 jìhuà *v./n.* plan	【配】计划未来，作计划 【例】① 他计划用十天完成寒假作业。 ② 下雨了，我们去野餐的计划泡汤了。
记者 jìzhě *n.* reporter, journalist	【配】一名记者，报社记者 【例】① 报社派去了三名记者采访这位作家。 ② 下面请看本台记者为大家带来的最新消息。
技术 jìshù *n.* skill, technology	【配】技术工人，新技术 【例】① 这家公司最近引进了一项新技术。 ② 李师傅的修车技术很好。
既然 jìrán *conj.* since, as, now that	【配】既然……就……，既然……那么…… 【例】① 既然你喜欢，那就送给你吧。 ② 既然你都知道了，那我也不多说了。

继续 jìxù *v.* go on, continue	【配】继续上学，继续努力 【例】① 你继续说，我听着呢。 ② 不管发生什么，生活还是要继续。
寄 jì *v.* post, mail	【配】寄信，寄给他，寄到北京 【例】① 我寄了一张明信片给我朋友。 ② 这个寄到北京要两天。
加班 jiābān *v.* work overtime	【配】经常加班，加班加点 【例】① 最近我们老是加班。 ② 他这一个星期都在加班，终于完成了任务。
加油站 jiāyóuzhàn *n.* gas station	【配】一个加油站 【例】① 请问这附近哪里有加油站？ ② 我们终于找到了一个加油站。
家具 jiājù *n.* furniture	【配】一套家具 【例】① 这套红木家具真漂亮！ ② 我们还需要买几件家具。

假 jiǎ *adj.* false, fake	【配】假酒，真假 【例】他上次告诉我们的消息是假的。 【反】真
价格 jiàgé *n.* price	【配】价格高，产品价格 【例】① 这本书的价格是 25 元。 ② 3000 元已经是这款手机的最低价了。
坚持 jiānchí *v.* persist in, insist on, stick to	【配】坚持原则，坚持锻炼 【例】① 不管遇到什么困难，我都要坚持下去。 ② 他坚持每天走路去学校。
减肥 jiǎnféi *v.* lose weight	【配】想减肥，在减肥 【例】① 她最近在减肥，晚饭都不吃了。 ② 运动是最好的减肥方法。

减少 jiǎnshǎo *v.* reduce, decrease	【配】减少人员，大大减少 【例】① 这个学期的学生数量减少了很多。 ② 经过修改，他作文中的错误大大减少了。 【反】增加
将来 jiānglái *n.* future	【例】① 将来，我们会有自己的房子。 ② 将来的事情不用现在担心。 【反】过去
奖金 jiǎngjīn *n.* money award, bonus, prize money	【配】发奖金 【例】① 这个月我领了 500 块钱的奖金。 ② 这次比赛一等奖的奖金是 3000 元。
降低 jiàngdī *v.* lower, reduce, drop, come down	【配】降低标准，降低水平 【例】① 今天气温降低了。 ② 快到机场了，飞机的飞行高度降低了一些。

交 jiāo *v.* hand over, associate with	【配】交钱，交上来，交朋友 【例】① 考试结束了，请大家把试卷交上来。 ② 我今天在班上交了两个新朋友。
交流 jiāoliú *v.* exchange, interchange	【配】文化交流，交流经验 【例】① 大家一起交流了一下学习汉语的体会。 ② 我最近和他交流得比较多。
交通 jiāotōng *n.* traffic	【配】交通工具，交通便利 【例】① 这里的交通很方便，公交车和地铁都有。 ② 前面发生了交通事故，堵车了。
骄傲 jiāo'ào *adj./n.* proud; pride	【配】很骄傲，感到骄傲 【例】① 你这次考得很好，但别骄傲哦。 ② 骄傲使人落后。 ③ 他是全家的骄傲。

饺子
jiǎozi
n. dumpling

【配】一盘饺子，吃饺子
【例】① 我最喜欢吃韭菜馅儿的饺子。
② 过年我们全家一起包饺子。

教授
jiàoshòu
n. professor

【配】一位教授，副教授
【例】① 今天崔教授来我们学校作讲座。
② 他在北京大学当教授。

教育
jiàoyù
n./v. education; educate

【配】办教育，良好的教育，教育孩子
【例】① 他从小在美国长大，受的是美式教育。
② 爸爸从小就教育我要懂礼貌。

接受
jiēshòu
v. accept

【配】接受任务，不能接受
【例】① 这份礼物太贵重了，我不能接受。
② 他接受了大家的意见。

节约 jiéyuē *v.* economize, save	【配】节约用水，节约材料 【例】① 我们应该节约用水。 ② 请大家节约用电。 【反】浪费
结果 jiéguǒ *n.* result, consequence	【配】没有结果，最终结果 【例】① 这件事终于有了结果。 ② 我等了他一下午，结果他还是没来。
解释 jiěshì *v.* explain	【配】无法解释，解释清楚 【例】① 这个问题你必须解释清楚。 ② 他向老师解释了自己迟到的原因。
尽管 jǐnguǎn *conj./adv.* though; not hesitate to	【配】尽管……但是…… 【例】① 尽管他很想去，但是实在没时间。 ② 你尽管吃吧,这儿还有很多。

紧张 jǐnzhāng *adj*. nervous, keyed-up	【配】别紧张，紧张的剧情 【例】① 大家不用紧张，这次考试很容易。 ② 球赛进入了最紧张的阶段。 【反】轻松
进行 jìnxíng *v*. carry out, go on	【配】进行讨论，正在进行 【例】① 老师对小明进行了批评教育。 ② 会议正在进行。
禁止 jìnzhǐ *v*. forbid, ban	【配】禁止吸烟，禁止停车 【例】① 博物馆（bówùguǎn, museum）里禁止拍照。 ② 车辆禁止通行。
京剧 jīngjù *n*. Peking opera	【配】一场京剧，唱京剧 【例】① 我们今天去听了一场京剧。 ② 他从 8 岁开始唱京剧。

经济 jīngjì *n.* economy	【配】发展经济，经济基础 【例】① 她家经济比较宽裕。 ② 中国的经济发展得很快。
经历 jīnglì *v./n.* go through; experience	【配】经历苦难，生活经历 【例】① 他经历了两次世界大战。 ② 老王的工作经历非常丰富。
经验 jīngyàn *n.* experience	【配】交流经验，经验丰富 【例】① 修电脑，他很有经验。 ② 你成功的经验是什么？
精彩 jīngcǎi *adj.* brilliant, splendid, wonderful	【配】精彩的表演，很精彩 【例】① 张教授今天的演讲实在是太精彩了。 ② 这部精彩的电影我看了好几遍。

精神 jīngshén *n.* spirit, mind	【配】创新精神，精神饱满 【例】① 要学好外语我们必须有吃苦的精神。 ② 我们要有创新精神。
警察 jǐngchá *n.* police, policeman	【配】一名警察，交通警察 【例】① 事故发生不久，警察就赶到了。 ② 他爸爸是一名警察。
竞争 jìngzhēng *v.* compete	【配】竞争激烈，自由竞争 【例】① 这次比赛的竞争很激烈。 ② 比赛中大家要公平竞争。
竟然 jìngrán *adv.* to one's surprise	【配】竟然不知道 【例】① 你竟然把他送你的项链(xiàngliàn, necklace)弄丢了? ② 他竟然没告诉你这件事!
镜子 jìngzi *n.* mirror	【配】一面镜子 【例】① 墙上挂着一面镜子。 ② 你带镜子了吗?

究竟 jiūjìng *adv.* (used for emphasis in questions to press for an exact answer) actually, exactly	【配】究竟怎么办 【例】① 你究竟想说什么？ ② 这个词究竟怎么用才对？
举办 jǔbàn *v.* conduct, hold	【配】举办讲座，举办运动会 【例】① 北京成功举办了 2008 年奥运会。 ② 下个月我们学校将举办五场讲座。
拒绝 jùjué *v.* refuse	【配】拒绝道歉，拒绝回答 【例】① 莉莉拒绝了约翰的礼物。 ② 他拒绝承认错误。
距离 jùlí *n./v.* distance; be apart/away from	【配】一段距离，距离很远 【例】① 我家和学校之间的距离只有 1 公里。 ② 现在距离上课只有几分钟时间了。

K

开玩笑 kāiwánxiào crack a joke; joke	【配】别开玩笑，开他的玩笑 【例】① 老王总是开小李的玩笑。 ② 你别开玩笑了，他们俩怎么可能吵架！
看法 kànfǎ *n.* opinion, view	【配】我的看法，一种看法 【例】① 你对这篇文章有什么看法？ ② 这只是我个人的看法。
考虑 kǎolǜ *v.* consider, think over	【配】考虑问题，考虑周到 【例】① 我从来没有考虑过出国。 ② 这件事我再考虑一下。
科学 kēxué *n./adj.* science; scientific	【配】农业科学，科学研究 【例】① 现代科学发展迅速。 ② 这种说法很不科学。

棵 kē *m.* (use for plants)	【配】一棵树 【例】① 我家门口有一棵大树。 ② 这棵松树已经有几百年了。
咳嗽 késou *v.* cough	【配】一阵咳嗽 【例】① 他感冒了，老咳嗽。 ② 他进来的时候咳嗽了一声。
可怜 kělián *adj.* pitiable, poor	【配】真可怜，少得可怜 【例】① 小李真可怜，父母都去世了。 ② 今天店里的顾客少得可怜。
可是 kěshì *conj.* but, however	【例】① 汉语虽然有些难，可是学起来非常有意思。 ② 大家今天都很累，可是很开心。

可惜 kěxī *adj.* regrettable	【配】很可惜 【例】① 今天的活动很有趣，可惜你没去。 ② 他考大学差了 1 分，太可惜了。
肯定 kěndìng *adj./adv.* sure, positive, certainly	【配】肯定的答案，肯定会去 【例】① 对于大家的表现老师是肯定的。 ② 他今天肯定又不会来了。 【反】否定（fǒudìng, negate）
空气 kōngqì *n.* air	【配】新鲜空气 【例】① 我要出去呼吸一下新鲜空气。 ② 这个城市的空气质量不太好。
恐怕 kǒngpà *adv.* for fear of, perhaps	【配】恐怕不行 【例】① 我现在有事，恐怕要晚点儿才能到。 ② 恐怕只有他才能帮你了。

苦 kǔ *adj.* bitter, painful	【配】苦味，生活苦 【例】① 这杯咖啡好苦啊！ ② 他们这几年生活得很苦。 【反】甜
宽 kuān *adj.* wide, broad	【配】很宽 【例】① 这条马路有 10 米宽。 ② 我的床很宽。 【反】窄
困 kùn *adj./v.* sleepy; be stranded	【配】很困，被困住了 【例】① 我两天没睡觉了，太困了。 ② 突然下雨了，小丽被困在了商场里。
困难 kùnnan *n./adj.* difficulty; difficult	【配】克服困难，很困难 【例】① 为了建这所学校，我们克服了很多困难。 ② 两天之内要完成这个工作比较困难。

扩大 kuòdà *v.* expand, enlarge	【配】扩大范围，继续扩大 【例】① 这几年公司的规模不断扩大。 ② 这次事故的影响还在继续扩大。 【反】缩小（suōxiǎo, reduce）

L

垃圾桶 lājītǒng *n.* dustbin	【配】一个垃圾桶 【例】① 我房间里有一个垃圾桶。 ② 这条路每 20 米就有一个垃圾桶。
拉 lā *v.* pull, drag, play (a musical instrument)	【配】拉门，拉小提琴 【例】① 天黑了，请把窗帘拉上。 ② 李明拉二胡拉得很好。 【反】推
辣 là *adj.* spicy, hot	【配】很辣，辣坏了 【例】① 这个水煮鱼把我辣坏了。 ② 川菜太辣，我吃不了。

来不及 láibují *adv.* not have enough time to do sth., it's to late to do sth.	【配】来不及吃饭 【例】① 他来不及跟小李见一面就走了。 ② 来不及了，火车要开了！
来得及 láidejí *v.* have enough time to do sth., be able to make it	【配】还来得及 【例】① 电影 8 点才开始，我们现在去还来得及。 ② 今天还来得及吃早饭吗？
懒 lǎn *adj.* lazy	【配】很懒，变懒 【例】他太懒了，作业都不想写。 【反】勤（qín, diligent）
浪费 làngfèi *v.* waste	【配】浪费水，别浪费 【例】① 这菜浪费了太可惜了，咱们打包带走吧。 ② 别浪费时间了，快走吧。

浪漫 làngmàn *adj.* romantic	【配】很浪漫，浪漫的爱情 【例】① 我刚参加了一场浪漫的婚礼。 ② 女生都喜欢浪漫。
老虎 lǎohǔ *n.* tiger	【配】一只老虎 【例】① 我们今天去动物园看老虎了。 ② 小明最怕的动物就是老虎。
冷静 lěngjìng *adj.* calm	【配】保持冷静，很冷静 【例】① 大家别慌张，保持冷静！ ② 我要冷静下来好好想想这件事。
礼貌 lǐmào *n./adj.* politeness; polite	【配】懂礼貌，礼貌地打招呼 【例】① 小张很有礼貌，见到我们都主动打招呼。 ② 看见我们，他礼貌地点点头。

理发 lǐfà *v.* have one's hair cut	【配】去理发 【例】① 你头发长了，该理发了。 ② 我一般都去校门口那家店理发。
理解 lǐjiě *v.* understand, comprehend	【配】阅读理解，相互理解 【例】① 你理解了这段话的意思了吗？ ② 我不能理解他为什么要这么做。
理想 lǐxiǎng *n.* ideal, dream	【配】我的理想，实现理想 【例】① 我的理想是将来开一家自己的书店。 ② 我正在努力实现自己的理想。 【同】梦想（mèngxiǎng）
力气 lìqi *n.* effort, physical strength	【配】有力气，力气大 【例】① 他力气很大。 ② 我没有力气了，走不动了。

厉害 lìhai *adj.* violent, terrible	【配】很厉害，心跳得厉害 【例】① 李小凤是个厉害的姑娘。 ② 这几天天热得厉害。 ③ 他打球很厉害。
例如 lìrú *v.* take for instance	【例】我喜欢吃的水果有很多种，例如菠萝、荔枝、西瓜等。
俩 liǎ *number* two	【配】我们俩，俩人 【例】① 他们俩是好朋友。 ② 我们班只有俩女生。
连 lián *v./prep./adv.* link; even(used correlatively with “都”, “也”); one after another	【配】连起来，连吃三碗 【例】① 这两句话的意思连不起来。 ② 你连他都不认识？ ② 这两分钟，他连进了五个球。

联系 liánxì *v./n.* connect, contact; connection, relation	【配】联系地址，保持联系 【例】① 他手机关机了，联系不上。 ② 这几年我们一直保持着联系。 ③ 这两件事是有联系的。
凉快 liángkuai *adj.* nice and cool	【配】天气凉快，凉快的地方 【例】① 这几天下雨，很凉快。 ② 夏天这里很凉快。 【同】凉爽
亮 liàng *adj.* bright	【配】很亮，天亮 【例】① 不到 5 点，天就亮了。 ② 这个灯太亮了，关了吧。 【反】暗
聊天 liáotiān *v.* gab, chat	【配】网络聊天 【例】① 我们俩昨天聊天聊了一下午。 ② 他很喜欢和人聊天。

另外 lìngwài *conj./pron./adv.* in addition; other; separately	【配】另外一件事 【例】① 除了刚才讲的事情。另外，我还要说一件事。 ② 我只认识张明和李强，另外几个人都不认识。
留 liú *v.* remain, stay, ask sb. to stay, keep	【配】留下 【例】① 我给你留了两个包子，你吃了吧。 ② 我以后可能就留在北京了。 ③ 既然你家里还有事，我就不留你了。
留学 liúxué *v.* study abroad	【配】出国留学，留学海外 【例】① 他明年就要去美国留学了。 ② 他年轻时曾留学法国。
流泪 liúlèi *v.* shed tears	【配】默默地流泪 【例】她没有哭出声，只是默默地流泪。

流利 liúlì *adj.* fluent, smooth	【配】说话流利，流利的英语 【例】① 他的汉语很流利。 ② 他流利地读完了这篇文章。
流行 liúxíng *adj./v.* popular, fashionable; prevail	【配】流行歌曲，流行起来 【例】① 这种款式现在很流行。 ② 最近这首歌在中国流行起来了。
律师 lǜshī *n.* lawyer	【配】一位律师，律师事务所 【例】① 有位律师愿意免费为他辩护。 ② 她是一名律师。
乱 luàn *adj./adv.* disorderly, upset; arbitrarily	【配】屋里很乱，乱说 【例】① 你桌子好乱啊，快整理一下吧。 ② 他心里很乱，什么也想不清楚。 ③ 你别在书上乱画。

M

麻烦 máfan *adj./n.* inconvenient, troublesome; trouble	【配】很麻烦，有麻烦 【例】① 这个问题有点麻烦。 ② 他那个人就是这么麻烦。 ③ 你这次可惹上大麻烦了。
马虎 mǎhu *adj.* careless, sloppy	【配】很马虎，马虎的人 【例】① 你这字写得也太马虎了吧！ ② 这次可不能再马虎了！
满 mǎn *adj./adv.* full, filled; completely	【配】满脸，坐满 【例】① 桌上摆满了好吃的。 ② 他满脸都是汗。 ③ 他对这件事满不在乎。
毛巾 máojīn *n.* towel	【配】一条毛巾 【例】① 毛巾要经常洗才卫生。 ② 快用毛巾把脸上的汗擦一擦。

美丽 měilì *adj.* beautiful	【配】美丽的风景 【例】① 这位姑娘真是美丽动人。 ② 墙上挂着一幅美丽的画。 【同】漂亮
梦 mèng *n./v.* dream; dream	【配】做梦，一个梦 【例】① 我整晚都在做梦。 ② 我梦见自己变成了一只小鸟。
密码 mìmǎ *n.* code	【配】账户密码，输入密码 【例】① 请输入您的银行卡密码。 ② 他的手机设了密码。
免费 miǎnfèi *v.* be free of charge	【配】免费品尝 【例】① 这个博物馆可以免费参观。 ② 天下没有免费的午餐。
民族 mínzú *n.* nation, ethnic group	【配】中华民族，民族英雄 【例】① 中国有 56 个民族。 ② 我们应该尊重每个民族的文化。

母亲 mǔqīn *n.* mother	【配】我的母亲，伟大的母亲 【例】① 我很爱我的母亲。 ② 母亲常跟我讲她小时候的故事。
目的 mùdì *n.* purpose, aim, goal	【配】有目的 【例】① 他毫无目的地在街上游荡。 ② 我来中国的目的是学习汉语。

N

耐心 nàixīn *n./adj.* patience; be patient	【配】有耐心，耐心地做 【例】① 张老师很有耐心。 ② 她总是耐心地听别人说话。
难道 nándào *adv.* (used to reinforce a rhetorical question)	【配】难道不是 【例】① 我这么做难道不对吗？ ② 你难道不知道她喜欢你吗？

难受 nánshòu *adj.* uncomfortable	【配】很难受 【例】① 他这次考试没通过，心里很难受。 ② 他浑身痒得难受。
内 nèi *n.* inside	【配】内层，十个以内 【例】① 这个季节室外温度比较低。 ② 这些作业要在 5 天之内完成。 【反】外
内容 nèiróng *n.* content, substance	【配】主要内容，内容很多 【例】① 这本书内容不多，一会儿就看完了。 ② 这次会议内容很丰富。
能力 nénglì *n.* capacity, ability	【配】有能力，能力强，组织能力 【例】① 他有能力完成这项任务。 ② 他工作能力很强，你就放心吧。

年龄 niánlíng *n.* age	【配】年龄大，他的年龄 【例】① 小明今年 6 岁了，到了入学的年龄。 ② 她看上去比实际年龄小很多。
农村 nóngcūn *n.* the countryside, rural area	【配】农村人口，去农村 【例】① 现在农村经济发展起来了。 ② 他离开农村去城市上大学了。 【反】城市
弄 nòng *v.* play with, get, do	【配】弄坏 【例】① 你别再弄你的金鱼了，快来帮忙。 ② 停电了，快去弄支蜡烛来。 ③ 别把书弄坏了。
暖和 nuǎnhuo *adj./v.* nice and warm; warm (up)	【配】天气暖和，暖和起来 【例】① 4 月以后，北京就暖和起来了。 ② 快到屋里来暖和暖和吧。

O

偶尔 ǒu'ěr *adv.* once in a while occasionally	【配】偶尔去 【例】① 他喜欢看京剧，偶尔也自己唱。 ② 他偶尔会来北京出差。

P

排列 páiliè *v.* rank, arrange, put in order	【配】按顺序排列，排列整齐 【例】① 同学们的座位是按身高排列的。 ② 书架上的书排列得非常整齐。
判断 pànduàn *v./n.* judge; judgement	【配】判断正确，你的判断 【例】① 我们现在很难判断谁会赢。 ② 他对这个问题的判断是正确的。

陪 péi *v.* accompany	【配】陪她，陪伴 【例】① 你能陪我去逛街吗？ ② 他最近心情不好，你多陪陪他。
批评 pīpíng *v.* criticize, comment	【配】批评他，批评意见 【例】① 老师批评了他这种不负责任的行为。 ② 这本书一出来，就有很多批评意见。
皮肤 pífū *n.* skin	【配】光滑的皮肤，皮肤好 【例】① 你的皮肤真好。 ② 到北京来之后我的皮肤变得很干燥。
脾气 píqi *n.* temper, bad temper	【配】发脾气，脾气不好 【例】① 你再不来，老李就要发脾气了。 ② 小张脾气特别好，从来不发火。

篇 piān *m.* (for paper, book leaves, article, etc.) sheet, leaf, piece	【配】一篇文章 【例】① 我今天读了一篇很好的文章。 ② 这篇小说写得很精彩。
骗 piàn *v.* deceive, fool	【配】骗人，受骗 【例】① 我没有骗你，这几个字真的是我写的。 ② 李先生昨天被骗走了两千块钱。
乒乓球 pīngpāngqiú *n.* ping-pong	【配】打乒乓球，乒乓球比赛 【例】① 我最喜欢的运动就是乒乓球。 ② 今天我们俩打了一下午乒乓球。
平时 píngshí *n.* normal times	【例】① 她平时不爱打扮。 ② 她平时汉语说得不错，可惜考试的时候太紧张了。

瓶子
pínɡzi
n. bottle, vase, jar

【配】一个瓶子，瓶子里
【例】① 那个玻璃瓶子里插着鲜花。
② 请你帮我把这个瓶子装满水。

破
pò
v./adj. break; broken, damaged, worn-out

【配】衣服破了，打破，破盒子
【例】① 地上有玻璃，小心别划破了脚。
② 这件衣服破了个大洞，不能穿了。
③ 这种破书不值得看。

普遍
pǔbiàn
adj. common

【配】普遍认为，普遍现象
【例】① 对于初学者，这种会说不会写的情况很普遍。
② “张强”这个名字在中国很普遍。

Q

其次
qícì
pren. next, then, secondary

【配】首先……其次……
【例】① 小红的英语成绩最好，其次是语文。
② 想学好汉语，首先要多说，其次要多听。

其中 qízhōng *n.* within, among them	【例】① 我们班有 20 位同学，其中 5 位来自韩国。 ② 今天有很多好吃的菜，其中我最喜欢的是宫保鸡丁。
起飞 qǐfēi *v.* (of aircraft) take off	【配】马上起飞 【例】① 飞机 10 点起飞。 ② 他的事业刚起飞。
起来 qǐlai *v.* get up, used after a verb to indicate an upward movement	【配】站起来，笑起来 【例】① 他看到我就笑了起来。 ② 快起来，要迟到了。
气候 qìhòu *n.* climate	【配】海洋性气候 【例】我不喜欢这里的气候，一年四季总是下雨。

千万 qiānwàn *adv.* (used in entreating, exhortation, etc) be sure to	【配】千万记得 【例】① 你千万别忘了跟她说这件事。 ② 这次会议很重要，你千万要准时参加!
签证 qiānzhèng *n.* visa	【配】办签证 【例】他已经办好了去日本的签证。
墙 qiáng *n.* wall	【配】一面墙，墙上 【例】① 墙上挂着他们全家的照片。 ② 把这四面墙都刷成蓝色。
敲 qiāo *v.* knock, beat, strike	【配】敲鼓，敲一下 【例】① 我敲了几下门，没有人答应。 ② 今天街上敲锣打鼓的，很热闹。
桥 qiáo *n.* bridge	【配】过桥，一座桥 【例】① 要过这条河,只能走那座桥。 ② 明年这里要修一座新桥。

巧克力 qiǎokèlì *n.* chocolate	【配】一块巧克力，吃巧克力 【例】① 这个牌子的巧克力很好吃。 ② 小丽送了我一盒巧克力。
亲戚 qīnqi *n.* relative, relation	【配】我的亲戚，一个亲戚 【例】① 我们俩是亲戚。 ② 我有一个亲戚在北京。
轻 qīng *adj.* light, small in degree	【配】很轻 【例】① 这箱子很轻，我一下就提起来了。 ② 这次他伤得不轻。 【反】重（zhòng, heavy）
轻松 qīngsōng *adj.* relaxed, light-hearted	【配】很轻松，轻松的谈话 【例】① 这次谈话轻松愉快。 ② 作业终于做完了，我觉得很轻松。 【反】沉重（chénzhòng, weighty）
情况 qíngkuàng *n.* situation, state of affairs	【配】学习情况，有情况 【例】① 你那边现在情况怎么样？ ② 从现在的情况来看，我们必须马上走了。

请假
qǐngjià
v. ask for leave

【配】向老师请假，请两天假
【例】① 他因病请假两天。
② 我跟老板请了一下午假。

请客
qǐngkè
v. stand treat, entertain sb.

【配】请客吃饭
【例】① 今天我请客，大家说去哪儿吃？
② 我们一起出去，总是他请客。

穷
qióng
adj. poor

【配】很穷
【例】① 他们家很穷，他的学费都是自己打工挣的。
② 我们都是穷学生。
【反】富

区别
qūbié
v./n. differentiate, distinguish; difference, distinction

【配】区别很大，仔细区别
【例】① 我们一定要区别“以后”和“然后”的不同。
② 我觉得这两张画没什么区别。

取 qǔ *v.* get, take	【配】取钱，取出来 【例】① 把灯泡取下来。 ② 我今天取了 1000 块钱。
全部 quánbù *n.* total, whole	【配】全部解决，全部的书 【例】① 大家全部接受了他的建议。 ② 100 个单词他全部记住了。
缺点 quēdiǎn *n.* shortcoming, defect	【配】一个缺点，改正缺点 【例】① 他的优点是聪明，缺点是有点懒。 ② 这种杯子有个缺点，就是不能装热水。 【反】优点
缺少 quēshǎo *v.* be short of, lack, be wanting in sth.	【配】缺少自信，缺少人手 【例】① 这里还缺少一把椅子。 ② 我们比较缺少关于中国文化的知识。
却 què *adv.* but, yet	【例】① 他知道这个词怎么说，却不知道怎么写。 ② 他来了，你却没来。

确实 quèshí *adv.* indeed	【配】确实是，确实知道 【例】① 我确实想去上海。 ② 他的汉语确实说得好。
群 qún *m.* group, flock	【配】一群人 【例】① 一群孩子跑过来了。 ② 山上有一群羊。

R

然而 rán'ér *conj.* but; however; nevertheless	【例】① 这次考试成绩进步很大，然而他还是不满意。 ② 他说 3 点钟来，然而 5 点才到。
热闹 rè'nao *adj.* bustling with noise and excitement, lively	【配】热闹的大街，很热闹 【例】① 有他在的地方总是很热闹。 ② 他一进来，会场就热闹起来。

人民币 rénmínbì *n.* RMB	【配】1元人民币 【例】① 他们一个月的工资是2000元人民币。 ② 我想把这些人民币换成美元。
任何 rènhé *pron.* any, whatever	【配】任何人 【例】① 没有任何问题可以难倒他。 ② 任何时候我们都愿帮助你。
任务 rènwù *n.* task, assignment, mission	【配】艰巨的任务，完成任务 【例】① 这项任务，我们必须完成。 ② 你的任务就是把李老师请来。
扔 rēng *v.* throw, throw away	【配】乱扔，扔东西 【例】① 你怎么把我的东西扔了？ ② 电池不能乱扔。

仍然 réngrán *adv.* still	【配】仍然不知道，仍然想 【例】① 这个单词我抄了20遍，仍然没记住。 ② 吃了好几天的药了，他的病仍然没好。
日记 rìjì *n.* diary	【配】一篇日记，写日记 【例】① 他有写日记的习惯。 ② 她喜欢把每天发生的事情记在日记里。
入口 rùkǒu *n.* entrance	【配】一个入口，从入口进 【例】① 我们从这个入口进去吧。 ② 这个剧院有三个入口。 【反】出口（chūkǒu, exit）
软 ruǎn *adj.* soft	【配】很软，软软的 【例】① 这床被子软软的，很舒服。 ② 爷爷牙齿不好，只能吃软的东西了。 【反】硬

S

散步 sànbù *v.* take a walk, stroll	【配】到河边散步，经常散步 【例】① 我们一家人每天晚饭后都去公园散步。 ② 咱们去散步吧。
森林 sēnlín *n.* forest	【配】一片森林，森林里 【例】① 森林公园离我家不远。 ② 森林里有很多小动物。
沙发 shāfā *n.* sofa, settee	【配】一个沙发，布沙发 【例】① 这个沙发真漂亮。 ② 我们家的沙发是皮的。
伤心 shāngxīn *adj.* sad	【配】很伤心，别伤心 【例】① 别提他的伤心事了。 ② 他丢了钱包，很伤心。 【反】开心（kāixīn, happy）

商量 shāngliang *v.* consult, discuss, talk over	【配】一起商量，商量这件事 【例】① 我们来商量一下聚会的事吧。 ② 这件事我要和他商量商量。
稍微 shāowēi *adv.* a little, slightly	【配】稍微多一点儿，稍微想一想 【例】① 你们明天稍微早一点儿过来。 ② 你再稍微等等，他马上就来。
社会 shèhuì *n.* society	【配】原始社会，社会上 【例】① 社会上这种人很多。 ② 过去妇女的社会地位很低。
申请 shēnqǐng *v.* apply for	【配】申请奖学金，申请休学 【例】① 他向学校申请提前毕业。 ② 他向公司申请调到上海工作。

深 shēn *adj.* deep, (of colour) dark	【配】很深，深颜色 【例】① 这里的水有两米深。 ② 这个颜色太深了，不适合你。 【反】浅 [qiǎn, shallow; (of colour) light]
甚至 shènzhì *adv.* even	【配】甚至不知道 【例】① 这首歌甚至连小孩都会唱。 ② 他汉语说得很好，甚至会用好多成语。
生活 shēnghuó *n./v.* life; live	【配】日常生活，生活得很好，在北京生活 【例】① 王子和公主过上了幸福的生活。 ② 我们一家在这个城市已经生活了10年了。
生命 shēngmìng *n.* life	【配】有生命，珍爱生命 【例】① 树也是有生命的。 ② 为了救人，他献出了自己年轻的生命。

省
shěng
n./v. province; save, omit

【配】湖南省，省钱，省掉
【例】① 山西省在陕西省旁边。
② 你也别太省了，该吃的还是得吃。
③ “了”字在这句话里不能省。

剩
shèng
v. be left over, remain

【配】剩下，只剩
【例】① 他们都走了，只剩下我和李明在教室。
② 我们把一桌菜吃得干干净净，连汤都没剩。

失败
shībài
v. fail

【配】行动失败
【例】① 失败是成功之母。
② 这次失败了不要紧，下次再来！
【反】成功

失望
shīwàng
adj. disappointed

【配】很失望，对她很失望
【例】① 你太让我失望了。
② 他对爱情失望了。

师傅 shīfu *n.* master worker, mentor	【配】老师傅，张师傅 【例】① 李师傅的菜炒得很好。 ② 师傅，麻烦您开快一点。
狮子 shīzi *n.* lion	【配】一头狮子，公狮子 【例】① 狮子生活在森林里。 ② 这是一头母狮子。
湿润 shīrùn *adj.* moist, damp	【配】很湿润，湿润的空气 【例】① 这里的空气很湿润。 ② 他很激动，眼睛也湿润了。 【反】干燥
十分 shífēn *adv.* very, extremely	【配】十分喜欢，十分漂亮 【例】① 我十分想念大家。 ② 这里的人们十分热情。 【同】非常
实际 shíjì *adj.* practical, realistic	【配】实际问题，很实际，实际上 【例】① 你这种想法很不实际。 ② 实际上，大家都不想去开会。 ③ 在实际生活中我们一般不这么说。

实在 shízài *adj./adv.* true, real; in fact, indeed	【配】很实在，实在想去，实在好 【例】① 他这个人很实在。 ② 我是实在没办法了，才来找你的。 ③ 这件衣服实在太漂亮了。
食品 shípǐn *n.* foodstuff, provisions	【配】绿色食品，食品加工 【例】① 你别老吃那些垃圾食品。 ② 他爸爸开了个食品公司。
使用 shǐyòng *v.* use	【配】方便使用，使用工具 【例】① 这些餐具都是干净的，请放心使用。 ② 这个词在这里使用不合适。
世纪 shìjì *n.* century	【配】上个世纪，21 世纪 【例】① 上个世纪 80 年代，这种款式很流行。 ② 19 世纪，爱迪生发明了灯泡。

市场 shìchǎng *n.* market, bazaar	【配】农贸市场，市场广大 【例】① 这种产品已经打入国际市场了。 ② 不科学的想法在这里没有市场。
试 shì *v.* try	【配】试一下，试吃 【例】① 他正试着自己烤面包呢。 ② 麦克试着用汉语跟中国朋友交流。
适合 shìhé *v.* fit, suit	【配】适合当老师，适合我 【例】① 他手指长，适合弹钢琴。 ② 这件衣服不适合你。
适应 shìyìng *v.* adapt to	【配】适应环境，不适应 【例】① 他刚到北京，还不适应这里的气候。 ② 这个工作太辛苦了，他适应不了。
收 shōu *v.* get sth. together, receive	【配】收起来，收到 【例】① 你快把这些书收起来吧。 ② 他收到了好多礼物。

收入 shōurù *n.* income, revenue	【配】收入稳定，没有收入 【例】① 他每天能有几百块的收入。 ② 爸爸的工资是我们全家的唯一收入。 【反】支出（zhīchū, expenses）
收拾 shōushi *v.* put in order, punish	【配】收拾干净，收拾屋子 【例】① 他一会儿就把东西都收拾好了。 ② 你要是不听话，爸爸回来会收拾你的。
首都 shǒudū *n.* capital(of a country)	【配】中国的首都 【例】① 日本的首都是东京。 ② 欢迎来到首都北京。
首先 shǒuxiān *adv.* first	【配】首先上场，首先……其次…… 【例】① 我们首先来复习一下昨天学的内容。 ② 我们首先去了天安门广场看升旗，然后又去登了长城。

受不了 shòubuliǎo can not stand	【配】受不了苦 【例】① 我受不了了，这里实在太热了。 ② 他受不了苦。 【反】受得了（can stand）
受到 shòudào *v.* be subjected to	【配】受到表扬 【例】① 这件事受到了大家的关注。 ② 他一出场，就受到了大家的热烈欢迎。
售货员 shòuhuòyuán *n.* shop assistant	【配】一位售货员 【例】① 这个商店只有几位售货员。 ② 售货员，请问这种饼干还有吗？
输 shū *v.* lose	【配】输球，输不起 【例】① 这次比赛我们输了。 ② 这场球火箭队输了 8 分。 【反】赢

熟悉
shúxī
v. be familiar with, know well

【配】熟悉情况，互相熟悉
【例】① 我对他很熟悉。
② 他很快就熟悉了这里的环境。
③ 那天之后，我们就熟悉起来了。
【反】陌生（mòshēng, strange）

数量
shùliàng
n. quantity, amount

【配】数量有限，一定的数量
【例】① 这次的票数量有限，先到先得。
② 这里每天的游客数量都在 3000 人以上。

数字
shùzì
n. numeral, figure

【配】一个数字，一组数字
【例】① 银行卡密码要求设定 6 个数字。
② 这组数字是按照规律排的。

帅
shuài
adj. handsome

【配】很帅
【例】① 小王长得可真帅！
② 这个动作简直帅呆了。
【扩】帅哥（shuàigē, handsome boy）

顺便 shùnbiàn *adv.* conveniently, in passing, incidentally	【配】顺便去 【例】① 我去交作业，顺便帮你也交了吧。 ② 顺便说一句，你今天很漂亮。
顺利 shùnlì *adj.* smooth, favourable	【配】一切顺利，顺利地完成 【例】① 祝你工作顺利！ ② 他顺利地通过了考试。
顺序 shùnxù *n.* order, sequence	【配】按顺序 【例】① 请按顺序入场。 ② 请不要把这些文件的顺序弄乱了。
说明 shuōmíng *v.* explain, illustrate	【配】说明情况，充分说明 【例】① 你应该去向老师说明一下迟到的原因。 ② 这些数字充分说明我们的想法是对的。

硕士 shuòshì *n.* postgraduate, master	【配】硕士研究生，读硕士 【例】① 她现在是清华大学的硕士研究生。 ② 他今年考上了汉语专业的硕士。
死 sǐ *v./adj.* die; extreme	【配】笑死了，死于车祸 【例】① 我饿死了，快吃饭吧。 ② 这次地震死了 30 人。 【反】活（huó, live; lively）
速度 sùdù *n.* speed, velocity	【配】速度慢，加快速度 【例】① 他打字的速度很慢。 ② 我们得加快速度了，不然就要迟到了。
塑料袋 sùliàodài *n.* plastic bag	【配】一个塑料袋 【例】① 现在超市不提供免费塑料袋了。 ② 我们把东西都装在这个大塑料袋里吧。

酸 suān *adj.* sour	【配】酸味 【例】① 这个太酸了，我受不了。 ② 你这几天别吃酸的。
算 suàn *v.* calculate, include	【配】算清楚，算上你 【例】① 他算数学题算得特别快。 ② 明天球赛算我一个。
随便 suíbiàn *adj.* random, casual	【配】随便坐，随便看 【例】① 你随便坐。 ② 这可不是件随便的事，你认真点。
随着 suízhe *v.* along with	【配】随着时间变化 【例】① 观众的情绪随着电影的情节变化着。 ② 随着学习的深入，我越来越喜欢中国文化了。

孙子
sūnzi
n. grandson

【配】小孙子，他的孙子
【例】① 老张有三个孙子。
② 李奶奶的小孙子今年 5 岁了。

所有
suǒyǒu
adj. all

【配】所有人
【例】① 他所有的题目都做对了。
② 所有同学都来了。

T

台
tái
n./m. stage; a whole set of items performed on a single occasion

【配】台上，一台晚会
【例】① 台下的观众都很热情。
② 他们花了半年准备这台戏。
【扩】舞台（wǔtái, stage）

抬
tái
v. lift, (of two or more persons) carry

【配】抬头，抬桌子
【例】① 把你的手抬起来一点儿。
② 麻烦你们把这个箱子抬上去好吗？

态度 tàidu *n.* attitude	【配】一种态度，态度好 【例】① 我们应该用积极的态度来对待这件事。 ② 大家改变了对他的态度。
谈 tán *v.* talk, discuss	【配】谈一谈，谈理想 【例】① 你们俩应该坐下来好好谈一谈。 ② 谈到这次比赛，大家都很激动。
弹钢琴 tán gāngqín play the piano	【配】喜欢弹钢琴 【例】① 她从 5 岁就开始弹钢琴。 ② 他弹钢琴弹得十分好。
汤 tāng *n.* soup	【配】喝汤，白菜汤，一碗汤 【例】① 广州人每餐都要喝汤。 ② 老板，我要一碗排骨汤。
躺 tǎng *v.* lie, repose	【配】躺下，躺在床上 【例】① 我躺在沙发上休息了一下。 ② 自行车被风吹倒了，躺在路边。

趟 tàng *m.* used for a round trip	【配】走一趟，一趟车 【例】① 我明天要去一趟王府井。 ② 我们等下一趟车吧。
讨论 tǎolùn *v.* discuss, talk over	【配】讨论问题，展开讨论 【例】① 大家对这个问题进行了深入讨论。 ② 下面我们来讨论一下考试的事情。
讨厌 tǎoyàn *v./adj.* dislike, hate; annoying	【配】讨厌他，让人讨厌 【例】① 他讨厌下雨。 ② 这个人在图书馆里大声打电话，真讨厌。 【反】喜欢
特点 tèdiǎn *n.* feature, characteristic	【配】他的特点，有特点， 【例】① 北京的出租车司机有个特点，那就是都很能说。 ② 这个女孩的声音很有特点。 【同】特征（tèzhēng, feature）

提供 tígōng *v.* offer, provide, supply	【配】提供帮助，提供早餐 【例】① 我们公司为大家提供早餐。 ② 感谢你给大家提供的这次参观机会。
提前 tíqián *v.* advance, shift to an earlier date	【配】提前告诉，被提前 【例】① 这次比赛被提前到了 3 点开始。 ② 我会提前通知你们的。
提醒 tíxǐng *v.* remind, call attention to	【配】提醒我，提醒一下 【例】① 你要是忘记了，我会提醒你的。 ② 记得提醒我去买票。
填空 tiánkòng *v.* fill a vacant position, fill (up) a vacancy	【配】填空题 【例】① 这次考试有 10 个填空题。 ② 他病了，就由你来填他的空吧。

条件 tiáojiàn *n.* condition, requirement	【配】条件好，一个条件，提条件 【例】① 你提的条件太高，我不能答应。 ② 我可以答应你的要求，但我有一个条件。 ③ 这个宾馆条件不错，我们就住这吧。
停止 tíngzhǐ *v.* stop, cease	【配】停止报名 【例】① 大雨终于停止了。 ② 这家商店已经停止营业了。
挺 tǐng *v./adv.* stand, hold out; very, rather, quite	【配】挺住，挺好 【例】① 你要挺住，医生马上就来了。 ② 这小伙子挺帅的。

通过 tōngguò *v./prep.* pass through; by means of	【配】通过考试，通过介绍 【例】① 大家都顺利通过了HSK考试。 ② 通过他的介绍，我认识了黄小英。 ③ 通过这次比赛，他的汉语进步了不少。
通知 tōngzhī *n./v.* notice; inform, notify	【配】一个通知，通知大家 【例】① 楼下贴了个停水通知。 ② 我已经通知了全班同学，明天考试。
同情 tóngqíng *v.* sympathize with, pity	【配】同情他，受到同情 【例】① 大家都很同情他，都在想办法帮他。 ② 他的遭遇（zāoyù, bitter experience）得到了我们的同情。
推 tuī *v.* push, delay	【配】推一下，推后 【例】① 门没锁，一推就开了。 ② 考试推到了两天以后。

推迟 tuīchí *v.* delay	【配】推迟开会，推迟到 5 点 【例】① 开会日期推迟一天。 ② 因为下雨，运动会推迟举行。
脱 tuō *v.* take off	【配】脱衣服 【例】① 你热就把毛衣脱了吧。 ② 脱下来的鞋请在门口放好。 【反】穿

W

袜子 wàzi *n.* stockings, socks	【配】一双袜子，白色的袜子 【例】① 你的袜子别到处乱扔。 ② 你怎么只穿了一只袜子？
完全 wánquán *adv.* completely	【配】完全不知道，完全正确 【例】① 我完全不知道你会来。 ② 他的病完全好了。

网球 wǎngqiú *n.* tennis	【配】打网球，网球比赛 【例】① 他最喜欢看网球比赛。 ② 咱们周末去打网球吧。
网站 wǎngzhàn *n.* website	【配】一个网站，访问网站 【例】① 这个网站办得很好，很适合我们留学生。 ② 我经常上新闻网站去看新闻。
往 wǎng *prep.* to, toward	【配】往北，开往上海 【例】① 你一直往东走，就能找到北京大学了。 ② 这趟车是开往广州的。
往往 wǎngwǎng *adv.* more often than not, usually	【配】往往很热 【例】① 这里的天气往往 3 月份就开始热了。 ② 他周末往往一个人在家看书。

危险 wēixiǎn *adj*. dangerous	【配】很危险，有危险 【例】① 那边危险，别过去了。 ② 一个人去那片森林非常危险。 【反】安全
味道 wèidào *n*. taste, flavour	【配】味道很好，一种味道 【例】① 这里的鱼味道很不错。 ② 这种酸酸甜甜的味道我很喜欢。
温度 wēndù *n*. temperature	【配】温度高，室内温度 【例】① 这里温度很低，大家都穿了很多。 ② 现在的室内温度正合适。
文章 wénzhāng *n*. article, essay	【配】一篇文章，好文章 【例】① 这篇文章写得很精彩。 ② 请每位同学写一篇关于旅游的文章。

握手 wòshǒu *v.* shake hands	【配】和他握手 【例】① 握手之后，我们简单聊了几句。 ② 见面的时候，我们握了握手。
污染 wūrǎn *n./v.* pollution; pollute	【配】严重的污染，污染环境 【例】① 这些废水排入河里会造成严重的污染。 ② 那家工厂因为污染环境被关闭了。
无 wú *v.* not have, be without	【配】无房无车 【例】① 若无现金，可刷卡支付。 ② 我现在无房无车无女友。
无聊 wúliáo *adj.* bored, senseless	【配】很无聊，无聊的会议 【例】① 我刚看了一部无聊的电影。 ② 我觉得很无聊，于是就打了几个电话。 【反】有趣

无论 wúlùn *conj.* whatever, however	【配】无论怎么样 【例】① 无论遇到什么困难，我都不会放弃。 ② 无论天气怎么样，明天的运动会都要按时举行。
误会 wùhuì *v./n.* misunderstand, mistake; misunderstanding	【配】误会他，别误会，消除误会 【例】① 大家都误会他了，他不是那个意思。 ② 他们俩之间有很深的误会。

X

西红柿 xīhóngshì *n.* tomato	【配】一个西红柿 【例】① 西红柿很有营养。 ② 他最喜欢吃西红柿炒鸡蛋。

吸引 xīyǐn *v.* attract	【配】吸引人，吸引注意 【例】① 他的表演吸引了大家的注意。 ② 这本书很吸引我。
洗衣机 xǐyījī *n.* washing machine	【配】一台洗衣机，用洗衣机 【例】① 这件衣服不能用洗衣机洗。 ② 我们买了一台新洗衣机。
咸 xián *adj.* salty	【配】咸味 【例】① 这个菜太咸了。 ② 我不喜欢吃咸的。
现代 xiàndài *n.* modern times, contemporary age	【配】现代人 【例】① 他是最伟大的现代画家之一。 ② 现代服装跟古代的有很大的区别。 【扩】现代化（xiàndàihuà, modernization）

限制 xiànzhì *v./n.* restrict, limit; restriction, limitation	【配】限制自由，没有限制 【例】① 这个博物馆（bówùguǎn, museum）限制了每天的参观人数。 ② 我们对这次参加比赛的人没有年龄限制。
羡慕 xiànmù *v.* admire, envy	【配】很羡慕，羡慕他 【例】① 我很羡慕你汉语说得这么好。 ② 别羡慕他了，你加油练习吧！
相反 xiāngfǎn *v.* contrary, opposite	【配】相反的方向 【例】① 他们俩朝相反的方向走了。 ② 他对这个问题的看法和我相反。
香 xiāng *adj.* fragrant, aromatic	【配】很香 【例】① 这花真香！ ② 这菜好香啊！ 【反】臭（chòu, smelly）

详细 xiángxì *adj.* detailed, minute, elaborate	【配】详细说明，详细情况 【例】① 你把这次开会的详细情况说一下。 ② 说明书详细地告诉了我们怎样用这台机器。
响 xiǎng *v./adj.* cause to make a sound; loud, noisy	【配】响起，真响 【例】① 台下响起了热烈的掌声。 ② 这雷声真响！
消息 xiāoxi *n.* news, information	【配】有消息，消息灵通，好消息 【例】① 告诉大家一个好消息：明天放假！ ② 这么久了还是没有他的消息。
小说 xiǎoshuō *n.* novel	【配】一篇小说，看小说 【例】① 这本小说很有意思。 ② 他写的小说大家都很喜欢。

笑话 xiàohua *n.* joke	【配】讲笑话，一个笑话 【例】① 他讲的笑话逗得大家哈哈大笑。 ② 这个笑话不好笑。
效果 xiàoguǒ *n.* effect, result	【配】有效果，效果好 【例】① 这种药没有效果。 ② 用这种方法背单词效果不错。
心情 xīnqíng *n.* mood, frame of mind	【配】心情好，没有心情 【例】① 我现在没有心情唱歌。 ② 我现在心情很复杂。
辛苦 xīnkǔ *adj.* hard, strenuous	【配】很辛苦，辛苦工作 【例】① 您辛苦了，快休息一下吧！ ② 这几天他工作得很辛苦。
信任 xìnrèn *v.* trust, have confidence in	【配】互相信任，信任他 【例】① 夫妻之间，信任是很重要的。 ② 他办事很认真，我们都很信任他。

信心 xìnxīn *n.* confidence	【配】有信心，信心十足 【例】① 你要对自己有信心。 ② 他信心十足地参加了这次比赛。
信用卡 xìnyòngkǎ *n.* credit card	【配】一张信用卡，刷信用卡 【例】① 对不起，我们只收现金，不能刷信用卡。 ② 我昨天办了一张信用卡。
兴奋 xīngfèn *adj.* excited	【配】很兴奋，兴奋地说 【例】① 听到这个好消息，他兴奋得跳了起来。 ② 你别太兴奋了，冷静一点！
行 xíng *adj.* capable, competent	【配】不行 【例】① 你竟然还会唱京剧，真行！ ② 我想现在到你家去行吗？
醒 xǐng *v.* regain consciousness, to wake up	【配】睡醒了，醒过来 【例】① 他昏迷了一个月之后终于醒过来了。 ② 我早上 5 点就醒了。

幸福 xìngfú *adj./n.* happy; happiness	【配】幸福的童年，觉得幸福 【例】① 和你在一起，我觉得很幸福。 ② 我们靠劳动创造幸福。
性别 xìngbié *n.* sexual distinction, sex	【配】性别差异 【例】这个表格中要求填上姓名、年龄、性别等信息。
性格 xìnggé *n.* nature, temperament	【配】性格外向，开朗的性格 【例】① 这个女孩性格很内向，不太爱说话。 ② 他坚强的性格很吸引我。
修 xiū *v.* fix, repair	【配】修电脑，修好 【例】① 师傅，麻烦您帮我修一下这块表。 ② 这台洗衣机已经修不好了。
许多 xǔduō *number.* many, much	【配】许多事，许多年 【例】① 我们许多年没见面了。 ② 这次，许多人都来了。

血 xuè/xiě *n.* blood	【配】流血，贫血 【例】① 小丽有点贫血。 ② 我们今天去献了血。

Y

压力 yālì *n.* (mental) pressure, strain	【配】有压力，压力大 【例】① 马上就要考试了，我压力很大。 ② 你这样我会有压力的。
牙膏 yágāo *n.* toothpaste	【配】一支牙膏，买牙膏 【例】① 我的牙膏用完了。 ② 我买了一支新牙膏。
亚洲 yàzhōu *n.* Asia	【例】① 你去过亚洲旅游吗？ ② 亚洲人口很多。
呀 ya *aux.* used instead of 啊 after a syllable ending in (a, e, i, o or ü)	【配】好呀 【例】① 这座房子真大呀！ ② 你快来呀！

严格 yángé *adj.* strict, rigorous	【配】管理严格，严格遵守 【例】① 他对自己要求很严格。 ② 请严格遵守（zūnshǒu, observe）考场规定。
严重 yánzhòng *adj.* serious, grave	【配】病情严重，严重后果 【例】① 这次事故很严重。 ② 他的病十分严重。
研究生 yánjiūshēng *n.* postgraduate	【配】一名研究生，研究生一年级 【例】① 他是人民大学的研究生。 ② 我现在读研究生二年级。
盐 yán *n.* salt	【配】放盐，一袋盐 【例】① 这个汤你少放点盐。 ② 这个菜盐放多了，好咸啊！
演出 yǎnchū *v./n.* perform, show. put on a performance; performance	【配】参加演出 【例】①《卡门》今晚在国家大剧院演出。 ② 他参加了很多电视剧的演出。

演员 yǎnyuán *n.* player, performer	【配】好演员，一名演员 【例】① 李丽想当演员。 ② 这位女演员很漂亮。
阳光 yángguāng *n.* sunshine	【配】阳光灿烂，一缕阳光 【例】① 今天阳光很好。 ② 阳光下，我们躺在湖边的草地上。
养成 yǎngchéng *v.* form, cultivate	【配】养成习惯 【例】① 他从小就养成了爱劳动的习惯。 ② 他养成了每天 6 点起床的习惯。
样子 yàngzi *n.* appearance, sample, tendency	【配】看样子 【例】① 看你不像有病的样子。 ② 这双鞋的样子真好看。 ③ 看样子他今天不会来了。
邀请 yāoqǐng *v./n.* invite; invitation	【配】邀请朋友，热情地邀请 【例】① 她很热情地邀请我们去她家玩儿。 ② 大家都受到了他的邀请。

钥匙 yàoshi *n.* key	【配】一把钥匙，配钥匙 【例】① 一把钥匙开一把锁。 ② 我忘记带钥匙了。 【扩】锁（suǒ, lock）
也许 yěxǔ *adv.* maybe, perhaps	【配】也许是，也许会 【例】① 我今天也许不能去你家了。 ② 也许他也喜欢你。
叶子 yèzi *n.* leaf	【配】一片叶子，树叶子 【例】① 秋天来了，树上的叶子都变黄了。 ② 银杏树的叶子好漂亮啊！
页 yè *n.* leaf, sheet, page	【配】翻页 【例】① 他规定自己每天看10页书。 ② 这本书的第 128 页被折起来了。
一切 yíqiè *pron.* all, everything	【配】一切想法 【例】① 他觉得自由比其他一切都重要。 ② 我所受的一切苦都是值得的。

以 yǐ *prep.* with, by means of	【例】① 以你的实力，肯定没问题。 ② 他以一首《今天》成功进入决赛。
亿 yì *numeral* a hundred million	【配】1 亿 【例】① 中国有 13 亿人。 ② 修这条路用了 3 亿元。
艺术 yìshù *n.* art, craft	【配】行为艺术，一种艺术 【例】① 他热爱艺术。 ② 这种艺术很多人都不懂。 【扩】艺术家（yìshùjiā, artist）
意见 yìjiàn *n.* view, opinion, objection, complaint	【配】有意见，提意见 【例】① 我们交换了对这件事的意见。 ② 很多人都对他有意见。

因此 yīncǐ *conj.* for this reason, as a result	【例】① 他生病了，因此没来上课。 ② 下雨了，因此运动会推迟到了明天。
引起 yǐnqǐ *v.* lead to, arouse	【配】引起注意 【例】① 他的出现引起一阵尖叫。 ② 这件事情引起了大家的注意。
饮料 yǐnliào *n.* drink	【配】一瓶饮料，喝饮料 【例】① 这种饮料很好喝。 ② 他吃饭的时候总要喝饮料。
印象 yìnxiàng *n.* impression	【配】有印象，好印象 【例】① 当地人的热情给我留下了很深印象。 ② 我对这件事没有一点儿印象了。

赢 yíng *v.* win	【配】赢球 【例】① 这次比赛，我们赢了。 ② 这首歌赢得了很多学生的喜爱。 【反】输
硬 yìng *adj.* hard, tough	【配】很硬 【例】① 这个馒头太硬了，我都咬不动。 ② 这块石头可真硬！ 【反】软
永远 yǒngyuǎn *adv.* forever	【配】永远不会 【例】① 我们要永远在一起。 ② 北京的地铁永远都有很多人。
勇敢 yǒnggǎn *adj.* brave	【配】很勇敢，勇敢的孩子 【例】① 他勇敢地冲了过去。 ② 他很勇敢，什么都不怕。

优点 yōudiǎn *n.* advantage, merit	【配】一种优点，优点很多 【例】① 他最大的优点就是有耐心。 ② 这种洗衣机有很多优点，例如节约水、洗得快。 【反】缺点
优秀 yōuxiù *adj.* excellent	【配】十分优秀，优秀的成绩 【例】① 这次考试他得了“优秀”。 ② 她是个优秀的学生。
幽默 yōumò *adj.* humourous	【配】很幽默，幽默的人 【例】① 你这个人真幽默。 ② 他幽默地回答了记者的问题。
尤其 yóuqí *adv.* especially	【配】尤其是 【例】① 他喜欢唱歌，尤其是流行歌。 ② 这几天很冷，今天尤其冷。
由 yóu *prep.* (be done) by, from, by	【配】由北向南，由我负责 【例】① 由北京出发去内蒙古大约要 10 个小时。 ② 由你负责联系李教授。

由于 yóuyú *prep.* due to, because of	【例】① 由于天气不好，这次活动取消了。 ② 由于他的失误，我们损失了 20 万。
友好 yǒuhǎo *adj.* friendly	【配】很友好，对我友好 【例】① 这里的人们都热情友好。 ② 我们两国应继续保持友好关系。
友谊 yǒuyì *n.* friendship	【配】纯真的友谊，一份友谊 【例】① 这些天，两个孩子建立起了深厚的友谊。 ② 他们的这份友谊真让人感动！
有趣 yǒuqù *adj.* interesting	【配】很有趣，有趣的故事 【例】① 他这个人很有趣。 ② 这本有趣的小说深深吸引了他。
于是 yúshì *conj.* so, hence	【例】① 大家要他去，于是他就去了。 ② 他很开心，于是唱起歌来。

愉快 yúkuài *adj.* happy, joyful	【配】心情愉快，愉快的一天 【例】① 我们这次谈话很愉快。 ② 他们俩相处得很愉快。 【同】高兴
与 yǔ *conj.* and	【配】我与你 【例】① 我与小倩认识 12 年了。 ② 这件事与他没有关系。 【同】和
羽毛球 yǔmáoqiú *n.* badminton	【配】打羽毛球，一个羽毛球 【例】① 他每天下午都去打羽毛球。 ② 我很喜欢打羽毛球。
语法 yǔfǎ *n.* grammar	【配】汉语语法，学语法 【例】① 汉语的语法不复杂。 ② 学好语法很重要。
语言 yǔyán *n.* language	【配】一种语言 【例】① 他会说八国语言。 ② 他很有语言天赋。

预习 yùxí *v.* preview, prepare lessons before class	【配】预习课文，做预习 【例】① 请大家今天回去预习一下明天要学的内容。 ② 她每次上课前都会认真预习课文。 【反】复习
原来 yuánlái *adv.* originally, formerly, as it turns out	【配】原来的想法，原来是你 【例】① 他还住在原来的地方。 ② 原来是你啊！
原谅 yuánliàng *v.* forgive	【配】原谅你，得到原谅 【例】① 你能原谅我吗？ ② 请原谅我的粗心吧！
原因 yuányīn *n.* reason, cause	【配】什么原因，没有原因 【例】① 他不参加这次比赛的原因是怕输。 ② 她走了，大家都不知道是什么原因。

圆 yuán *adj.* round, circular	【配】圆形，圆脸 【例】① 今天的月亮很圆。 ② 她的脸圆圆的，很可爱。
约会 yuēhuì *v.* date	【配】和他约会 【例】① 他和女朋友约会去了。 ② 他永远也不会忘记他们的第一次约会。
阅读 yuèdú *v.* read	【配】阅读书报 【例】① 他最近阅读了很多有关历史的书。 ② 他有每天睡前阅读的习惯。
允许 yǔnxǔ *v.* allow, permit	【配】得到允许，允许离开 【例】① 拿别人东西要经过别人的允许。 ② 妈妈允许我每天做完作业看一会儿电视。

Z

杂志 zázhì *n.* magazine	【配】一本杂志，看杂志 【例】① 我订了一年的《汉语世界》杂志。 ② 无聊的时候我就看看杂志。
咱们 zánmen *pron.* we, us	【配】咱们大家 【例】① 咱们一起去看电影吧！ ② 咱们的奖学金什么时候发？
暂时 zànshí *n.* temporarily, for the moment	【配】暂时安排 【例】① 咱们暂时住在这儿吧。 ② 刘老师病了，今天暂时由张老师给我们上课。
脏 zāng *adj.* dirty, filthy	【配】脏手，脏衣服 【例】① 这件衣服脏了，该洗了。 ② 你别把书弄脏了。

责任 zérèn *n.* duty	【配】一份责任，负责任 【例】① 他是个很负责任的人。 ② 这件事是我的责任。
增加 zēngjiā *v.* increase, raise	【配】增加难度 【例】① 今年我们学校的在校学生由 800 增加到了 900 人。 ② 这个月他的体重增加了 5 公斤。 【反】减少
增长 zēngzhǎng *v.* increase, grow, rise	【配】增长快，增长知识 【例】① 这几年，来中国的留学生人数增长得很快。 ② 今年的房价比去年增长了 5%。
窄 zhǎi *adj.* narrow	【配】很窄，窄胡同 【例】① 这条路太窄了，只能过一辆车。 ② 车开进了一条窄巷子。 【反】宽

招聘 zhāopìn *v.* invite applications for a job	【配】招聘启事，招聘人才 【例】① 这家公司正在招聘设计师。 ② 你可以去这个网站看看，上面有很多招聘信息（xìn xī, information）。
真正 zhēnzhèng *adj./adv.* real, genuine; indeed	【配】真正好 【例】① 这才是真正的川菜。 ② 他终于明白了这句话的真正意思。
整理 zhěnglǐ *v.* put in order, straighten out	【配】整理房间，重新整理 【例】① 你把这里整理一下吧。 ② 他花了一下午整理院子。 【同】收拾
整齐 zhěngqí *adj.* neat, tidy, regular	【配】整齐的队伍，排列整齐 【例】① 他的字写得清楚整齐。 ② 书架上整齐地摆放着各种图书。

正常 zhèngcháng *adj.* normal, regular	【配】正常人，很正常 【例】① 人的正常体温大约是37摄氏度。 ② 刚开始学汉语记不住单词是正常现象。
正好 zhènghǎo *adj.* just in time, just enough, just right	【配】正好合适 【例】① 你来得正好，我刚要去找你。 ② 这件衣服他穿大小正好。
正确 zhèngquè *adj.* right, correct	【配】十分正确，正确答案 【例】① 这道题只有一个正确答案。 ② 你做出了一个正确的决定。 【反】错误（cuòwù, wrong）
正式 zhèngshì *adj.* formal, official	【配】正式开始，正式员工 【例】① 我正式告诉你：我要结婚了。 ② 你通过考试就可以成为正式员工了。

证明 zhèngmíng *v.* prove, testify (to)	【配】事实证明 【例】① 我能证明他昨天没出去。 ② 事实证明我是对的。
之 zhī *aux.* used between an attribute and the word it modifies	【配】无价之宝，十分之九 【例】① 这件事十之八九是真的。 ② 这次西藏之旅真是叫人难忘。
支持 zhīchí *v.* support	【配】支持他，大力支持 【例】① 不管你怎么决定，我都支持你。 ② 我的想法得到了全家的支持。
只 zhī *m.* measure word for certain animals	【配】一只鸟，两只耳朵 【例】① 树上有几只猴子。 ② 小丽养了一只小狗。

知识 zhīshi *n.* knowledge	【配】专业知识，学习知识 【例】① 这次我们学到了很多关于植物的知识。 ② 多学点知识总是有好处的。
直接 zhíjiē *adj.* direct	【配】直接关系，直接去 【例】① 他说话很直接，想到什么说什么。 ② 这件事你直接跟总经理说吧。 【反】间接（jiānjiē, indirect）
值得 zhídé *v.* be worth	【配】值得买，不值得 【例】① 他这种精神值得我们学习。 ② 这部电影很值得看。
职业 zhíyè *n.* occupation	【配】他的职业，职业运动员 【例】① 他的职业是警察。 ② 她是一名职业舞蹈演员。

植物 zhíwù *n.* plant, vegetable	【配】一株植物，绿色植物 【例】① 植物园里有各种各样的植物。 ② 这是一株什么植物?
只好 zhǐhǎo *adv.* have to, have no choice but	【例】① 这么晚已经没有车了，我们只好走回去了。 ② 下大雨了，我只好呆在家里。
只要 zhǐyào *conj.* if only	【例】① 只要努力，你一定能学好汉语。 ② 我们只要 8 点之前到学校就可以了。
指 zhǐ *v.* point at, refer to	【配】指向 【例】① 他指了指桌子，说："放那儿吧。" ② "东方之珠"指的是香港。

至少 zhìshǎo *adv.* at least	【配】至少有 【例】① 他至少吃了 5 个包子。 ② 从这里走到学校，至少要半个小时。
制造 zhìzào *v.* make, manufacture, produce	【配】中国制造，制造麻烦 【例】① 这些香水都是法国制造的。 ② 最先制造出纸的是中国人。
质量 zhìliàng *n.* quality	【配】质量好，教学质量 【例】① 这鞋子质量真好。 ② 我们要想办法提高教学质量。
中文 Zhōngwén *n.* Chinese	【配】学中文 【例】① 这几年，很多人来中国学中文。 ② 他的中文很好。
重点 zhòngdiǎn *n.* focal point, emphasis	【配】重点工作，重点内容 【例】① 这句话是全文的重点。 ② 修健三环路是今年的重点工作。

重视 zhòngshì *v.* set store by, attach importance to	【配】引起重视，重视学习 【例】① 他很重视这次的比赛。 ② 大家要重视语法学习。
周围 zhōuwéi *n.* circum-ambience	【配】周围地区，眼睛周围 【例】① 这座房子周围全是花。 ② 周围的人都在看你。
猪 zhū *n.* pig	【配】一头猪，母猪 【例】① 他家养了几头猪。 ② 这个玩具猪很可爱。
逐渐 zhújiàn *adv.* gradually, steadily	【配】逐渐变冷，逐渐扩大 【例】① 他逐渐喜欢上了这里。 ② 傍晚，天逐渐暗了。
主动 zhǔdòng *adj.* on one's own initiative	【配】主动学习，主动地位 【例】① 他主动提出要来帮忙。 ② 他工作总是很主动。 【反】被动（bèidòng, passive）

主意 zhǔyi *n.* idea, definite view	【配】出主意，改变主意，好主意 【例】① 你来出出主意，这次怎么给他过生日。 ② 这是个好主意。
祝贺 zhùhè *v.* congratulate	【配】祝贺你，热烈祝贺 【例】① 祝贺你通过考试。 ② 我们向小李表示热烈祝贺。
著名 zhùmíng *adj.* famous, celebrated	【配】很著名，著名演员 【例】① 他是一位著名作家 ② 下面有请著名歌唱家为大家演唱。
专门 zhuānmén *adv.* on purpose	【配】专门来 【例】① 他是专门研究中国历史的。 ② 我是专门来看你的。 【同】特意（tèyì）
专业 zhuānyè *n.* specialized subject	【配】英语专业，专业课 【例】① 她是中文专业的学生。 ② 他的专业是对外汉语。

赚 zhuàn *v.* make a profit, gain	【配】赚钱 【例】① 他一天可以赚 100 块钱。 ② 我们今天赚了很多钱。 【反】赔（péi, compensate）
撞 zhuàng *v.* bump against, collide	【配】撞到桌子，撞车 【例】① 路上有两辆车子相撞了。 ② 他不小心撞到了门上。
准确 zhǔnquè *adj.* accurate, precise	【配】十分准确，准确的答案 【例】① 这趟车开车的准确时间是 11 点。 ② 他的消息一般都很准确。
准时 zhǔnshí *adj.* punctual, on time	【配】很准时，准时开始 【例】① 我们明天 5 点准时出发。 ② 他向来很准时，今天怎么迟到了？
仔细 zǐxì *adj.* careful, attentive	【配】很仔细，仔细听 【例】① 我仔细看了一下说明书。 ② 做完题再仔细检查一下。

自然 zìrán *n./adj./adv.* nature; natural; naturally	【配】大自然，很自然 【例】① 我们应该多到大自然中去。 ② 这张照片拍得很自然。 ③ 你多练习，自然就会说得好。
总结 zǒngjié *v.* sum up	【配】总结经验 【例】① 请同学们总结一下这个月的学习情况。 ② 他到处旅游，总结出很多经验。
租 zū *v.* rent, charter	【配】租房子，租出去，出租 【例】① 这里的书是可以租的。 ② 他租了一间小房子。
组成 zǔchéng *v.* compose	【配】由……组成，组成家庭 【例】① 他们组成了一个乐队。 ② 小王和小李组成了新家庭。
组织 zǔzhī *v.* organize	【配】组织大家，组织活动 【例】① 这篇文章组织得很好。 ② 你组织大家排队进去吧。

嘴 zuǐ *n.* mouth	【配】一张嘴，张开嘴 【例】① 他听了那个笑话乐得合不上嘴。 ② 请把嘴张开。
最好 zuìhǎo *adj./adv.* best; had best	【配】最好的东西，最好不要 【例】① 这是我们这里最好的茶叶。 ② 你现在最好别去找他。
最后 zuìhòu *n./adv.* the last, the ultimate; finally, lastly	【配】最后一个，最后的结果 【例】① 这是最后一篇课文了。 ② 最后，他还是离开了这里。
尊重 zūnzhòng *v.* hold in esteem	【配】尊重他，受到尊重 【例】① 我们应该尊重每个国家的文化。 ② 我尊重你的意见。

作者 zuòzhě *n.* writer	【配】一位作者 【例】① 这篇文章的作者我认识。 ② 这位作者是个很有趣的人。
座 zuò *m.* for mountains, buildings, and other similar immovable objects	【配】一座山，一座楼 【例】① 公园里立着一座雕像。 ② 这座山好高啊！
座位 zuòwèi *n.* seat, place to sit	【配】安排座位，找座位 【例】① 我们进去的时候已经没有座位了。 ② 你快找个座位坐下吧。
做生意 zuò shēngyi do business	【配】会做生意 【例】① 这个老板很会做生意。 ② 她现在跟别人一起做生意。

外研社 · 新HSK课堂系列

“外研社·新 HSK 课堂系列”是一套训练学生听、说、读、写各方面技能的综合性考试教材，包括“21 天征服新 HSK 教程”、“新 HSK 专项训练”、“新 HSK 词汇突破”以及“新汉语水平考试 HSK 全真模拟试题”（含试卷和试题详解）四大部分。本系列教材和试题紧扣新 HSK 大纲，涵盖了新 HSK 考试的全部考点，讲解浅显易懂，使学生能够快乐学习、轻松过关。

★ **权威性**：由从事 HSK 教学多年的教师编写，经验丰富，预测准确。
★ **全面性**：详细介绍新 HSK 考试，全面收录考试题型，提供科学系统的应试方案和解题技巧。
★ **综合性**：将汉语技能综合到考点中讲授，全面锻炼考生的汉语思维，有效提高应试能力。
★ **实战性**：提供多套完整的模拟试题，并附有答案解析，让考生身临其境，提前备战。

新 汉语水平考试 HSK 3级
新 HSK 6级
新 HSK 口试(高级)
新 汉语水平考试 HSK 2级
新 汉语水平考试 HSK 5级
新 汉语水平考试 HSK 1级
新 汉语水平考试 HSK 4级
新HSK 词汇突破